U0315204

高职高专汽车三融合新型教材

汽车故障诊断与维修　学习领域 12

电动汽车与燃气汽车故障诊断与维修

主　编　蔡兴旺

副主编　邱今胜　刘奕贯　王章杰

参　编　王　斌　廖一峰　黄大星

　　　　周　逊　郑锦汤　许见诚　张雨柯

机 械 工 业 出 版 社

本书紧密结合我国新能源汽车生产维修实际，以实际车型为例，以客户要求和汽车维修过程为导向，以实际任务为驱动，实际职业要求为目标，模拟企业流程，按照学生认识规律，从感性到理性，由浅入深组织教材，其间插入"学生学习工作页"，促进学生学、做结合，理论紧密联系实际，着力提高学生实践技能、综合素质和就业能力。

《电动汽车与燃气汽车故障诊断与维修》全书分为6大模块、19个任务，主要讲授电动汽车的使用与维护、电动汽车动力电池及其管理系统的故障诊断与维修、电动汽车驱动电机及其控制系统的故障诊断与维修、电动汽车辅助系统的故障诊断与维修、电动汽车整车控制系统故障的诊断与维修、燃气汽车故障的诊断与维修。

本书提供大量教学资源下载（含PPT、微课视频、动画、学生学习工作页题解和教学文件等），通过扫描二维码链接教学资源，方便教师授课和学生课外学习。

本书可以作为高职高专、普通高等院校及中专技校的汽车类专业学生教材，还可以作为新能源汽车培训教材。对广大新能源汽车爱好者也是一本值得收藏的阅读材料。

图书在版编目（CIP）数据

电动汽车与燃气汽车故障诊断与维修/蔡兴旺主编.
—北京：机械工业出版社，2018.3
高职高专汽车三融合新型教材
ISBN 978-7-111-59572-4

Ⅰ.①电… Ⅱ.①蔡… Ⅲ.①电动汽车-故障诊断-高等职业教育-教材②电动汽车-车辆修理-高等职业教育-教材③天然气-燃料-汽车-故障诊断-高等职业教育-教材④天然气-燃料-汽车-车辆修理-高等职业教育-教材 Ⅳ.①U469.72②U469.75

中国版本图书馆 CIP 数据核字（2018）第 063294 号

机械工业出版社（北京市百万庄大街22号　邮政编码100037）
策划编辑：蓝伙金　危井振　责任编辑：葛晓慧　蓝伙金
责任校对：李锦莉　刘丽华　封面设计：鞠　杨
责任印制：常天培
北京京丰印刷厂印刷
2018 年 8 月第 1 版·第 1 次印刷
184mm×260mm·20.5 印张·485 千字
0 001—3 000 册
标准书号：ISBN 978-7-111-59572-4
定价：52.00 元

高职高专汽车三融合新型教材
编审委员会

高职高专汽车三融合新型教材
编写委员会

郑锦汤（广州华商职业学院）

周　逊（广州珠江职业技术学院）

周　燕（南京交通职业技术学院）

序　言

为认真贯彻执行教育部《国家中长期教育改革和发展规划纲要（2010—2020年》《关于全面提高高等职业教育教学质量的若干意见》《教育部关于"十二五"职业教育教材建设的若干意见》和国家教材委员会等一系列文件精神，服务汽车产业升级需要，在市场调研和专家论证的基础上列出了"高职高专汽车三融合新型教材（学材）"选题18种，并组建一流的编写队伍，在一线行业专家和院校名师组成的编审委员会的指导下编写了本套教材。

一、编写的指导思想和原则

本套教材以高职"汽车检测与维修技术"专业为主，兼顾汽车运用技术、汽车电子技术等专业教学需要，包括汽车各专业诸多平台课（"汽车企业文化""汽车机械识图""汽车机械基础""汽车电工电子技术基础"等）、核心专业课（"汽车维修接待、沟通与管理""汽车维护"、"车载网络系统的故障诊断与维修""汽车发动机管理系统的故障诊断与维修""电动汽车与燃气汽车故障诊断与维修"等12个学习领域）和部分典型品牌汽车维修案例等大量教学资源。

1. 编写指导思想

以就业为导向，以岗位需求为核心，努力将职业素养、专业技能与企业文化深度融合（三融合），使学生在学习专业知识和技能的同时，接受职业素养和企业文化的熏陶，培养学生的爱国爱岗、敬业守信、精益求精观念，培养学生健全的人格和良好的素养，崇尚工匠精神，建立社会主义核心价值观。

2. 编写原则

以"必需、够用"为编写原则，一是以企业需求为基本依据，以培养职业素养、专业技能与企业文化深度融合为主线。二是兼顾行业升级需要和降低城市雾霾等环境保护的新要求，突出新能源汽车等新知识、新技术、新工艺和新方法。三是教材资源包括主教材和学习工作页和大量教学视频课件、习题解答等，为教学组织提供较大的选择空间。

二、教材特色

以企业实际出发，以培养技术应用型技术人才为主，在总结多年教学经验和已有教材的基础上，充分吸取先进职教理念和方法，形成如下特点：

1. 吸收国内外先进职教经验，体现国内示范院校、骨干院校的最新教学成果

认真吸取了中德职业教育汽车机电合作项目（SGAVE）和国家示范性院校、骨干院校专业建设项目等近年来国内外的最新教学改革成果，认真总结借鉴了参加教材编写院校的许多成功经验，有效提升了教材的思想性、科学性和时代性。

2. 以"项目引领、任务驱动"为主线，实现"知行合一"

教材立足以客户要求和汽车维修过程为导向，以实际任务为驱动，实际职业要求为目标，模拟企业流程，从任务接受、任务接待、任务准备（含信息资料收集与学习、任务分

析、维修计划制定、设备材料准备等）、任务实施（含故障检测、使用维修、安全环保、任务检查等）和任务交付的完整的行动过程。有些教材直接由企业（广州汽车集团）主编（如《汽车企业文化》和《汽车维修接待、沟通与管理》）。结合国内保有量较大的汽车车型，按照学生认识规律，从感性到理性，由浅入深，将汽车的结构、原理、运用、维护、故障检测与维修有机融合，其间插入"学习工作页"，促进学、做结合，理论紧密联系实际，着力提高学生实践技能、综合素质和就业能力。教材注重科学性和时代性。

3. 内容上力求反映行业最新技术发展动态

为了尽可能满足行业升级需要，降低城市雾霾等环境保护的新要求，教材引入了车载网络系统、电控管理系统和新能源汽车等汽车前沿最新技术，突出汽车新知识、新技术、新工艺和新方法。

4. 体现中高职的有效衔接，避免重复或空白

本套教材从课程体系上既考虑普遍性，也考虑专项针对性，以适应不同层次、不同起点的教学需要。

5. 教材形式活泼，教学资源丰富

教材适应高职学生特点，除了主教材外，还配以"学习工作页"和大量的教学资源（含PPT、微课视频、动画、学习工作页题解和教学文件等），通过扫描二维码可链接教学资源，方便教师授课和学生课外学习。

三、教材编写队伍

本系列教材由机械工业出版社、华南理工大学、韶关学院、广东交通职业技术学院、深圳职业技术学院、广州科技职业技术学院、东莞职业技术学院、广东机电职业技术学院、广州珠江职业技术学院、深圳信息职业技术学院、南京交通职业技术学院等10多所职业院校和广州汽车集团股份有限公司、深圳风向标教育资源股份有限公司等组织编写，并成立了教材编审委员会和教材编写委员会。编写团队包括企业高管、企业专家、技术骨干和院校院/校长、专业名师、学科带头人、骨干教师，结合优质院校、一流专业等建设项目，充分体现了"产教结合，校企合作"的开发特色，有利于教材反映最新的技术和最新的教学成果，为保证教材的质量、水平提供了丰富的资源支持。

教材编写大纲、体例和样章是保证高质量书稿的关键。在教材编审委员会的指导下，参考中德职业教育汽车机电合作项目（SGAVE）课程大纲要求，结合企业需要，列出选题计划，并统一教材编写的指导思想、原则和体例等。通过自荐或他荐方式，拟定了10多名教授领衔主编，并要求主编拟定各自负责的教材编写大纲、体例和样章。每一本教材编写大纲、体例和样章都经过三个专家主审，以便集思广益，许多教材大纲为了精益求精，经过多次反复修改，最后符合要求的由蔡兴旺教授统一定稿。为保证教材的质量、水平奠定了良好基础。

"高职高专汽车三融合新型教材" 编审委员会
"高职高专汽车三融合新型教材" 编写委员会
2017. 8

出 版 说 明

教材是教学过程的主要载体，加强教材建设是深化教学改革的有效途径，推进人才培养模式改革的重要条件，也是保障教学基本质量、培养高端技能型人才和技术应用型人才的重要基础。

一、培养目标说明

从职业分析入手，对职业岗位进行能力分解（包括倾听客户抱怨、技术咨询、接修检测、专业工具和仪器设备操作、故障诊断、维修保养），确定高职汽车检测与维修专业的培养目标是，面向汽车"后市场"，培养具有与本专业相适应的水平和良好的职业，掌握一定的专业理论知识，具备本专业的理论知识、实践技能以及较强的实际工作能力和经营管理能力，德、智、体、美等方面全面发展的高等技术应用型人才。

二、职业素养的内容体系

1. 职业基本素养

（1）政治素养　包括正确的理想信念以及人生观、世界观、价值观。

（2）意识素养和道德素养　意识素养包括敬业乐业意识、责任意识和团队合作意识。有明确的职业规划。

道德素养包括社会基本道德品质素养和职业品行修养，要养成诚信、文明礼貌、勤俭自强、乐于助人的良好品质。

（3）文化素养　不但要有计算机知识、外语、专业基础等相关文化知识，也要了解有关汽车企业的文化和发展理念。

3. 能力素养

（1）一般能力　包括智商和情商，智商包括记忆力、思维能力、逻辑推理能力、空间想象能力、表达能力等；情商包括情绪控制能力、自我控制能力和人际交往能力。

（2）专业技能　专业技能主要通过专业课学习、培训开发转化而成，专业课应以岗位工作任务为依据，以项目为导向、任务驱动为原则构建教学内容，采取"教学做"一体化来开展教学活动，并重视通过校企合作、工学交替、顶岗实习等人才培养模式改革来培养和提高专业技能。

①一般专业能力是应用能力、汽车阅读能力、汽车驾驶能力。

②核心专业能力是汽车拆装、检查、修理能力、汽车故障诊断能力、汽车性能检测能力、汽车维修企业管理能力。

（3）综合能力　综合能力是一般能力和专业技能的综合运用能力，是解决复杂问题的能力的必要手段，既涉及特定的专业综合能力，又涉及跨专业的职业核心能力。

1）专业综合能力

①专业地使用有关维修工具、诊断系统、测量仪、信息系统。

②能按照维修手册、电路图和工作说明进行操作作业，会选取材料和备件并完成订购过程；熟练地拆卸和安装部件和总成，并对不同部件进行维修。维修时采取质量保证措施。保

持工位的有序（5A）和整洁（5S）。

③能独立制订工作计划并实施，使工作过程可视化。遵守有关工作、安全规定和环保法规。能够查找资料与文献以取得有用的知识。

④能处理优惠和索赔委托任务。

2）专业的职业核心能力。专业的职业核心能力包括职业道德、信息处理能力、沟通能力、组织协调能力和创新能力：

①信息处理能力，即对信息的识别、整合和加工的能力。

②沟通能力，是指人在交往过程中所表现出来的联络与协调能力。

③组织协调能力，是指从工作任务出发，对资源进行分配、调控、激励、协调以实现工作目标。

④创新能力，是指创新事物、新方法的一种心理品质。近年来我国大力提倡教育要培养具有创新精神、创新意识和创新能力的人才。有必要在有关课程和教学活动中引导、培养创新创业、技改意识和能力，养成勤用脑、多用手、大胆想、敢突破的创新精神和能力。

三、资源说明

本套教材围绕职业教育"教、学、做"3个服务维度开发。每本教材由课堂教材和工作页两部分组成。课堂教材部分主要由构造、原理和检修内容组成；工作页部分包含理论学习和实训两部分。理论学习又包括课前预习和课后习题（如填空、填图、问答、班级交流等），以此评价学习是否达标，实训部分则注重流程和方法。

本套教材在内容选材、编写、呈现方式等多方面加强精品化建设。本套教材采用双色印刷，同时配有教学课件、微视频/动画、习题答案、课程标准参考等教学资源，为教、学、练、考提供便利。

教学资源包：包括教学课件和相关微课等资源，供教师上课使用，学生课前预习和课后复习，可以登录机械工业出版社教材服务网 www.cmpedu.com 注册下载。咨询电话 010-88379375。

微视频/动画：对于课本中的部分重点难点，以视频形式给予讲解，读者可以用手机或平板电脑扫描书中二维码链接观看。

学习工作页题解：每个项目都配有学习工作页解答，供做作业时参考。

机械工业出版社

前　言

　　汽车的发明与发展，为人类做出了巨大的贡献，同时也带来了急需解决的两大问题。一是传统内燃机汽车使用的燃料为一次性能源，开发使用后便不可再生，随着全球能源消耗的剧增，加速了地球矿物能源的枯竭；二是汽车排气污染，根据检测分析，汽车尾气排放量已占大气污染源的85%。所以研发、推广和使用新能源汽车已刻不容缓。

　　世界各国为了解决能源短缺、环境污染等社会问题，相继出台了各种节能减排的法规和标准，制定了各种鼓励研发、推广新能源汽车的政策和措施，使新能源汽车迅速推向社会。2017年我国全年共销售新能源汽车77.7万辆（其中新能源乘用车销量超55万辆），同比增长53.3%。其中纯电动汽车销售46.8万辆，占比82.1%，同比增长65.1%，比亚迪汽车公司夺得2017年销量冠军，销售11.37万辆，北汽集团夺得亚军，销售10.32万辆。

　　由于新能源汽车及节能转置结构新颖，技术先进，目前大部分人还不熟悉其结构和工作原理，更不熟悉使用维修，急需相应的教材和教学同步跟上，本书正是适应社会和汽车行业需要，组织了相关学校、企业和专家，结合多年的教学经验和实践基础进行编写。

　　本教材编写以教育部《关于全面提高高等职业教育教学质量的若干意见》《教育部关于"十二五"职业教育教材建设的若干意见》和2016年底全国新能源汽车专业指导委员会会议精神等为指导，立足以客户要求和汽车维修过程为导向，以实际任务为驱动，实际职业要求为目标，模拟企业流程，从任务接受、任务接待、任务准备（含信息资料收集与学习、任务分析、维修计划制定、设备材料准备等）、任务实施（含故障检测、使用维修、安全环保、任务检查等）和任务交付的完整的行动过程。按照学生认识规律，从感性到理性，由浅入深，组织教材体系，其间插入"学习工作页"，促进学生学、做结合，理论紧密联系实际，着力提高学生实践技能、综合素质和就业能力。

　　教材吸收了近年来新能源汽车的新技术、新成果、新标准和教育改革所取得的新经验，紧密结合国内保有量最大的比亚迪e6等车型，将新能源汽车的结构、原理、运用、维护、故障与检测有机融合，理论与实训有机融合。

　　全书分为6大模块、19个任务，主要讲授电动汽车的使用与维护、电动汽车动力电池及其管理系统的故障诊断与维修、电动汽车驱动电机及其控制系统的故障诊断与维修、电动汽车辅助系统的故障诊断与维修、电动汽车整车控制系统故障的诊断与维修、燃气汽车故障的诊断与维修。

　　本书提供大量教学资源下载（含PPT、微课视频、动画、学习工作页题解和教学文件等），通过扫描二维码链接教学资源，方便教师授课和学生课外学习。

　　本书由蔡兴旺教授任主编。编写分工如下：蔡兴旺编写任务1~任务3、任务6，并对全书进行审阅统稿和教学资源加工制作，刘奕贯编写任务11、任务12和任务14，王章杰和张雨柯编写任务10、任务13和任务15，邱今胜编写任务5，王斌编写任务16和任务17，廖一峰编写任务18和任务19，黄大星编写任务8，周逊编写任务9，郑锦汤编写任务4，许见诚编写任务7。

　　本书编写及课件制作过程中，得到了机械工业出版社、中国汽车技术研究中心、广州汽车集团股份有限公司、深圳职业技术学院、韶关学院、深圳信息职业技术学院、南京交通职业技术学院、广州珠江职业技术学院、广州华商职业学院、深圳市龙岗职业技术学校、深圳风向标教育资源股份有限公司等单位和张雨柯、李敏等个人的大力支持与帮助，书中检索了优酷等大量汽车网站及汽车教材、论文资料，一并对此谨表深深的谢意。

　　由于本书内容新，知识面广，限于作者水平和能力，书中误漏之处难免，诚恳期望得到同行专家和广大读者批评指正。

《电动汽车与燃气汽车故障诊断与维修》编写组

电动汽车常用缩略语

ABS（Antilock Brake System）——防抱死制动系统

AC（Alternating Current）——交流电

AMD（Advanced Micro Devices）——超微半导体

ASIC（Application Specific Integrated Circuit）——专用集成电路

BCM（Body Control Module）——车身控制模块

BCU（Battery Control Unit）——蓄电池控制单元

BEV（Battery Electric Vehicles）——纯电动汽车

BMS（Battery Management System）——蓄电池管理系统

CAN（Controller Area Network）——控制器局域网络

CHEV（Combined Hybrid Electric Vehicle）——混联式混合动力汽车

CNG（Compressed Natural Gas）——压缩天然气

CNGV（Compressed Natural Gas Vehicle）——压缩天然气汽车

DC（Direct Current）——直流电

DC-DC（DC-DC Converter）——直流电压转换装置

DCT（Dual Clutch Transmission）——双离合变速器

DM（Dual Mode）——双模式

DOD（Depth of Discharge）——放电深度

ECM（Engine Control Module）——发动机控制模块

ECU（Electronic Control Unit）——电子控制单元

EEPROM（Electrically Erasable Programmable Read Only Memory）——电可擦可编程只读存储器

EHPS（Electrical Hydraulic Power Steering）——电控液压动力转向系统

EPR（Electronic Pressure Regulator）——电控调压器

EPS（Electric Power Steering）——电动助力转向

ESC（Electronic Stablity Control）——电子稳定控制系统

ESP（Electronic Stability Program）——电子稳定程序

EV（Electric Vehicle）——电动汽车

FCEV（Fuel Cell Electric Vehicle）——燃料电池电动汽车

GTR（Giant Transistor）——大功率晶体管

HBA（Hydraulic Brake Assist）——液压制动辅助

HEV（Hybrid Electric Vehicle）——混合动力电动汽车

HHC——坡道保持控制

HVIL（High Voltage Interlock Loop）——高压互锁回路

IGBT（Insulated Gate Bipolar Transistor）——绝缘栅双极型晶体管

IPM（Intelligent Power Module）——智能功率模块

LPG（Liquefied Petroleum Gas）——液化石油气

MCU（Microcontroller Unit）——微控制单元

MICU——微处理器

MOSFET（Metal-Oxide-Semiconductor Field-Effect Transistor）——金属-氧化物半导体场效应晶体管

PHEV（Parallel Hybrid Electric Vehicle）——并联式混合动力汽车

PTC（Positive Temperature Coefficient）——正温度系数（半导体材料或元器件）

PWM（Pulse Width Modulation）——脉冲宽度调制

SEI（Solid Electrolyte Interface）——固体电解质界面膜

SHEV（Series Hybrid Electric Vehicle）——串联式混合动力汽车

SOC（Stage of Charge）——荷电状态

SOH（State of Health）——蓄电池健康状态

SRD（Switched Reluctance Drive）——开关磁阻电机调速系统

SRS（Supplemental Restraint System）——安全气囊

Start-Stop——怠速起停系统

TPMS（Tire Pressure Monitoring System）——轮胎压力监测系统

TSI（Twincharged Stratified Injection）——双增压

VCU（Vehicle Control Unit）——整车控制器

VMS（Virtual Memory System）——虚拟内存系统

VTOG——双向逆变充放电式电机控制器

VVT（Variable Valve Timing）——可变气门正时

目 录

模块 1
电动汽车的使用与维护

任务 1　电动汽车的使用

 **学习目标**

1. 掌握电动汽车的定义与分类
2. 熟悉电动汽车的基本结构与工作原理
3. 学会识别电动汽车组合仪表显示的各种信息
4. 熟悉电动汽车与传统汽车使用的不同之处，尤其要注意高压安全
5. 培养良好的职业道德与安全、环保意识

 任务接受

客户陈女士买了一辆比亚迪 e6 电动汽车，要求服务站给以介绍电动汽车的基本知识和使用方法。

任务接待参见"学习领域 1 汽车维修接待、沟通与管理"的任务 2 和任务 4。

 任务准备

1.1 电动汽车的信息收集

1. 电动汽车及其分类

电动汽车（Electric Vehicle，EV）是纯电动汽车、混合动力电动汽车和燃料电池电动汽车的总称。其分类、定义、特点及应用详见表 1-1。

表 1-1 电动汽车分类与特点（GB/T 19596—2017）

类型	纯电动汽车（BEV）	混合动力电动汽车（HEV）	燃料电池电动汽车（FCEV）
定义	驱动能量完全由电能提供的、由电机驱动的汽车。电机的驱动电能来源于车载可充电储能系统或其他能量储存装置	能够至少从消耗的燃料和可再充电电能储存装置两类车载存储的能量中获得动力的汽车	以燃料电池系统作为单一动力源或者是以燃料电池系统与可充电储能系统作为混合动力源的电动汽车
特点	无排气污染、噪声小、能源来源广泛、能量转换效率高、结构简单、使用维修方便、可在夜间利用电网的廉价"谷电"进行充电，但续驶里程较短，动力蓄电池寿命短、售价较高	排气污染少、节能、续驶里程长、可以利用现有的加油站加油，不必再投资，但长距离高速行驶基本不能省油	零污染、能量转化效率高，但技术复杂、成本过高
应用车型	比亚迪 e6、特斯拉（美国）、北汽 EU260 等	普锐斯（日本）、比亚迪秦、比亚迪唐、荣威 550 等	奔驰 B 级 F CELL、丰田 Mirai 等

2. 纯电动汽车的基本结构与工作原理

纯电动汽车（Battery Electric Vehicles）简称 BEV，图 1-1 所示为我国比亚迪汽车公司生产的 e6 纯电动汽车外观，它是国内首款量产的 BEV，还是全球首先用于出租的汽车。

（1）BEV 的基本组成　与传统燃油汽车相比，BEV 主要是动力装置不同，其他的如底盘车身基本相似，本书如无特殊说明，电动汽车重点是介绍与传统汽车不同的部分，主要有动力蓄电池、驱动电机、控制系统与电动空调、电动转向、电动制动，俗称三大三小部件。

图 1-1　比亚迪 e6 电动汽车

BEV 动力装置主要由动力蓄电池组、驱动电机、控制系统及安全保护系统等组成（图1-2）。电池组是电动汽车的动力源，用于驱动电机，将电池组的电能转化为机械能，驱动车辆行驶。控制系统实施对电池组进行管理和对电机进行控制。安全保护系统在电动汽车发生紧急情况时，对人及机器进行保护。

BEV 保留了传统汽车的加速踏板、制动踏板和各种操纵手柄等，但它不需要离合器。

（2）BEV 基本工作原理（图1-3）　在电动汽车工作时，传感器将加速踏板、制动踏板机械位移的行程量转换为电信号，输入中央控制系统，经中央控制器处理后发出驱动信号，达到对电动汽车工况的控制。

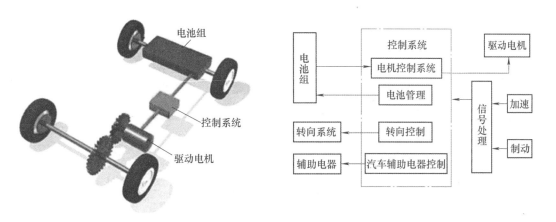

图1-2　BEV 的基本组成　　　　　　　　图1-3　BEV 的基本工作原理

当汽车行驶前进时，电池组输出的直流电经电机控制系统变为交流电后供入驱动电机，电机输出的转矩经传动系统驱动车轮。

当汽车减速时，车轮带动驱动电机转动，通过电机控制系统使感应电机成为交流发电机产生电流，再将交流电变为直流电向电池组充电（制动再生能量）。同时，BEV 控制系统通过各种传感器、电流检测器对动力蓄电池组、驱动电机进行监控并及时反馈信息和报警，并通过电流表、电压表、电功率表、转速表和温度表等仪表进行显示。

⊙温馨提示　纯电动汽车的基本结构原理视频参见教学资源 1.1 。

（3）比亚迪 e6 电动汽车的基本结构原理　比亚迪 e6 电动汽车主要动力参数和部分配置见表1-2。其基本的结构组成与工作原理如图1-4 所示。

当电源接通，汽车前进时，主控 ECU 接收档位控制器、加速踏板和角度传感器等各方面信息，传递给电机控制器，以控制流向前驱电机的电流，此时电池组电流通过应急开关、配电箱/继电器之后，一路经过电机控制器向前驱动电机供给需要的电流，从而使驱动电机运转，通过变速器/差速器和传动轴，带动左右前轮转动，使汽车行进；另一路经过 DC/DC 转换器，将电池组 316.8V 高压直流电转换为低压 42V，提供给电动转向系统（EPS）使用。同时电池组接受电池管理器管理，将电池组的瞬时电压、电流、温度和存在情况等信息传递给电源管理器，以防止电池组过放电或温度过高损坏电池组。如果发生漏电情况，漏电保护器起作用。一旦发生紧急短路等情况，保护装置熔丝即熔断保护。

表 1-2　比亚迪 e6 电动汽车主要动力参数和部分配置

项　目	参　数	部　分　配　置
动力电池组	316.8V 铁电池	ESP(电子稳定程序)、HHC（坡道保持控制）、HBA（液压制动辅助）、SRS（双安全气囊、整车侧气帘、主/副驾驶人侧气囊）、电子防盗报警系统、动力系统防盗、胎压监测、倒车雷达（6 探头）、整车故障诊断系统、转向管柱（角度可调）、P 档锁止机构、电子加速踏板、自发光换档球头、电子档位、定速巡航控制系统、真皮转向盘（音响控制系统＋免提电话＋仪表控制＋倒车影像＋巡航）、EHPS（电控液动力转向系统）、三段式 TFT 屏组合仪表、智能钥匙系统、CAN 总线通信网络、数字式自动空调、充电和制动回馈显示系统、预约充电系统、侧回复反射器、AUX＋USB2.0＋Ipod 接口、车载 TV、右前影像系统、NAVI 语音电子导航系统、蓝牙和 i 系统等
电机形式	永磁同步电机	
最大功率/kW	75	
最大转矩/N·m	450	
最高车速/（km/h）	140	
0～50km/h 加速时间/s	6	
百公里耗电量/kW·h	≤19.5（工况法）	
续航里程/km	400（综合工况）	

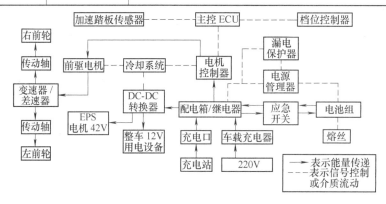

图 1-4　比亚迪 e6 电动汽车基本的结构组成与工作原理

　　BEV 的行驶状态主要有起动、起步、正常行驶、急加速、上坡、减速制动、倒车和停车等（图 1-5），起动、起步时要求电机供给大转矩，低速起步；平路正常行驶要求电机提供足够的驱动力和速度，同时能耗最低；急加速和上坡，要求电机提供较大的驱动力，有较好的超载能力，减速制动时，要求电机转化为发电机，进行回收减速制动的能量，向电池组充电；当汽车停车时，电机自动停止。

起步·低速	通常行驶	急加速·上坡	减速·制动	倒车	停车
行驶时主要依靠电机			利用制动能量回收，给电池充电	电机反转	电机自动停止

图 1-5　BEV 行驶状态

1.2　电动汽车的使用准备

　　电动汽车的使用准备见表 1-3。

表 1-3　电动汽车的使用准备

名　　称	数　量	名　　称	数　　量
比亚迪 e6 汽车	1 辆	600V 绝缘手套	1 套
比亚迪 e6 汽车家庭用充电插接器	1 台	手套、抹布等	1 批
常规拆装工具	1 套		

任务实施

1.3　电动汽车的正确使用

1. 阅读领会企业警告

由于电动汽车动力电池组的电压很高，高压操作危险，所有车辆制造企业都在使用说明书首页给予警告，如比亚迪电动汽车警告如图 1-6 所示。在使用前务必认真阅读和领会。

<table>
<tr><td colspan="2">⚠警告</td></tr>
<tr>
<td>
纯电动车的使用注意事项

请按照本手册安全规范进行操作，可以避免电动车高压事故的发生并安全舒适地使用本电动车。

✓　请注意车辆上的安全注意标识。
✓　为了避免人身伤害，不要接触高电压电缆（橙色）及其插头。
✓　请遵循高压电零部件所附的警告标签。
✓　请勿拆卸或更换高压零部件，如位于前机舱中的电机控制器和位于后行李箱的高压配电箱。
✓　如遇紧急情况，在条件允许的情况下拔掉副仪表台下面的紧急维修开关，并妥善保管插头，严禁用手或非绝缘的物体触碰插座。
✓　本车配有动力电池，具有高压。如果车辆出现故障，请联系比亚迪授权服务店，切不可私自维修，否则可能发生触电危险。
</td>
<td>
如果发生事故

如果发生紧急危险事故时，请注意如下警告：

✓　为避免人身伤害，请勿接触任何高压接线及其插头，以及高压零部件。
✓　切勿触摸裸露的电线。
✓　请尽快联系比亚迪服务店。
✓　如果车辆底部的电池包损坏，有液体泄漏或流入车辆的某些零部件，切勿触摸这些液体；如果不慎进入皮肤或眼睛，请立即用大量清水冲洗，并立即就医。
✓　如果车辆失火，使用电火专用灭火器灭火。
</td>
</tr>
</table>

图 1-6　比亚迪电动汽车警告

2. BEV 组合仪表认识与识读

BEV 组合仪表提供了大量行车信息，一定要熟练掌握。比亚迪 e6 汽车的组合仪表如图 1-7 所示，其中开关组开关如图 1-8 所示，组合仪表指示灯与警告灯说明见表 1-4。

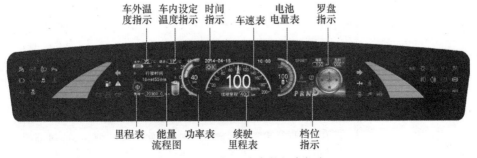

图 1-7　比亚迪 e6 汽车的组合仪表

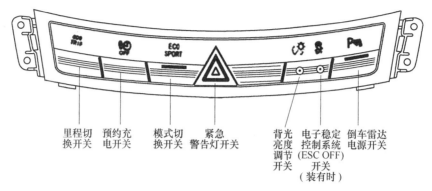

里程切换开关 预约充电开关 模式切换开关 紧急警告灯开关 背光亮度调节开关 电子稳定控制系统(ESC OFF)开关（装有时） 倒车雷达电源开关

图1-8 仪表板开关组

表1-4 组合仪表指示灯与警告灯说明

标志	名 称	说 明	标志	名 称	说 明
	车门及行李箱状态指示灯	提醒关闭车门和行李箱门		电机过热警告灯*	常亮时表示温度过高,检查冷却液是否充足,停车冷却动力电机,如频繁出现,应立即停车并建议与比亚迪汽车授权服务站联系
	驾驶人座椅安全带指示灯*	提醒驾驶人应系上安全带			
	SRS故障警告灯*	建议服务站检查		智能钥匙系统警告灯	
	充电系统警告灯*	建议立即停车,送服务站检查	SPORT	运动模式指示灯	
	前雾灯指示灯			定速巡航主显示指示灯(装有时)	
	转向信号指示灯				
	电机冷却液温度过高警告灯*	请将车开到指定维修点,停车冷却动力电机。如频繁出现,建议联系比亚迪相关工作人员	P	倒车雷达开关状态指示灯(装有时)	
				制动片磨损警告灯*	表示制动片磨损过薄,建议联系比亚迪汽车授权服务站进行检查与更换
(!)	制动系统故障警告灯*	如果没有使用驻车制动器,警告灯点亮,可能是制动限位低或真空压力故障、EBD故障、驻车故障等,建议送服务站检查			
				ESP故障警告灯(装有时)*	该警告灯常亮时,建议将车辆送到比亚迪汽车授权服务站进行检查 该警告灯闪烁时,ESP工作正常
	转向系统故障警告灯*	建议送服务站检查			
	动力电池充电连接指示灯*	充/放电枪已连接好,可以开始充/放电	!	主警告指示灯	
OK	OK指示灯*	指示车辆可行驶,注意周围情况		前排乘员座椅安全带指示灯*	提醒前排乘员应系上安全带

（续）

标志	名 称	说 明	标志	名 称	说 明
	前排乘员安全气囊开关状态指示灯*	如果副驾驶位置坐有成年人，打开副驾驶座安全气囊		动力电池电量低警告灯*	请及时给车辆充电当整车电源档位处于"
	小灯指示灯			动力电池故障警告灯*	当整车电源档位处于"OK"档时，此警告灯不亮或持续点亮，或在驾驶中此警告灯点亮，建立立即停车送服务站检查
	远光指示灯				
	后雾灯指示灯			胎压系统警告灯（装有时）*	表示轮胎压力异常或胎压监测系统故障，应立即停车并建议与比亚迪汽车授权服务站联系
	动力系统故障警告灯*	该警告灯常亮时，立即停车送服务站检查，否则将毁坏电机			
	ABS故障警告灯*	当整车电源档位处于"OK"档时，此警告灯不亮或持续点亮，或在驾驶中此警告灯点亮，建议立即停车送服务站维修	ECO	经济模式指示灯	
			SET	定速巡航主控制指示灯（装有时）	
				倒车雷达提示信息（装有时）	
	防盗指示灯		(P)	电子驻车状态指示灯（装有时）*	表示电子驻车已启动
	动力电池过热警告灯*	该警告灯点亮时应停车使电池冷却	ESP OFF	ESP OFF指示灯（装有时）	

注：有"＊"的指示标记号是保养提示指示灯。

组合仪表信息见表1-5。

表1-5 组合仪表信息

名 称	标 志	含 义
车速表	2014-04-15 10:00 100 km/h 400	当整车电源档位处于OK档时，此表指示车辆行驶车速
电池电量表	100	当整车电源档位处于OK档时，此表指示当前车辆动力蓄电池预计剩余的电量。当指示条将要或已进入红色区域时请尽快对车辆进行充电

（续）

名　称	标　志	含　义
功率表		显示当前模式下整车的实时功率。当在车辆下坡时或靠惯性行驶时，功率指示值可能为负值。此现象表示正在能量回收，回收的能量正在对动力蓄电池进行充电
车外温度指示		显示当前车外的温度，可显示的温度范围为 −40～50℃
车内设定温度指示		显示空调当前设定的车内温度。温度设置值低于18℃（65℉）时显示 Lo，温度设置值高于32℃（90℉）时显示 Hi
里程表		显示器显示下列信息： 1）总里程——车辆已行驶的总里程数 2）里程一、里程二——清零后至当前路程的里程数 3）显示切换：当要变换仪表的显示时，迅速按下并释放里程切换开关。每按一次，仪表将循环显示总里程（ODO）～里程一（TRIP A）～里程二（TRIP B）～总里程（ODO） 4）清零操作：要将短距离里程表调整至零时，先显示出该短距离里程表（TRIP A/TRIP B）的读数，然后按住该按键直至仪表被设定为零为止
时间指示		显示日期和时钟
续驶里程显示		续驶里程是根据剩余电量并结合车辆行驶工况所计算显示剩余电量所能支持的行驶距离，该距离可能与实际行驶的距离有所不同。当续驶里程显示数值过低时，请及时对车辆充电
罗盘指示（装有时）		指示当前车辆行驶方向及当前位置的海拔

（续）

名　　称	标　　志	含　　义
能量流程图		指示当前电流的流动方向（出租版）
档位指示	SPORT　海牧　100　PRND	当变速杆在某档位时，高亮放大显示当前档位
菜单调节	BYD	通过转向盘按键可进入并调节菜单 ■ 确认　用于确认选定的菜单项 ■ 选择▲　用于向上滚动菜单选择条 ■ 选择▼　用于向下滚动菜单选择条

车辆故障提示信息见表1-6。

表1-6　车辆故障提示信息

故障信息	信息显示	说　　明
动力电池电量过低	2011-01-01　10:00　动力蓄电池电量过低，请停止放电	表示动力蓄电池电量过低，提示用户停止放电
动力系统相关故障	2011-01-01　10:00　请检查动力系统	表示动力系统相关故障，应立即停车并建议与比亚迪汽车授权服务店联系
电机及控制器温度高	2011-01-01　10:00　电机及控制器温度过高	表示电机控制器温度高，应立即停车，建议与比亚迪汽车授权服务店联系
类似还有"请检查制动系统""请检查转向系统""请检查胎压监测系统（装有时）""请检查ABS"等大量故障信息及行车信息智能提示（详见车辆使用说明书），极大方便了行车安全和维修		

3. 给 BEV 充电

（1）充电方式　BEV 充电方式有多种，如比亚迪 e6 电动汽车的充电方式见表1-7。

表 1-7　比亚迪 e6 电动汽车的充电方式

充电方法	充电端口	充电插接器	电源	充电说明	充电时间
充电站 直流充电				在公共充电站充电	荷电状态 SOC 从 10%～100% 充电所需时间约为 2h
C10 充电柜 直流充电				使用家用 C10 充电柜充电	荷电状态 SOC 从 10%～100% 充电所需时间约为 6～7h
充电桩 交流充电				在公共交流充电桩上充电	荷电状态 SOC 从 10%～100% 充电所需时间约为 20h
家用 交流充电				使用交流充电连接装置(三芯转七芯)在家用 200V 50Hz, 10A 标准单相两极带接地插座上充电	荷电状态 SOC 从 10%～100% 充电所需时间约为 38h

还有一种车辆之间相互充电的, 有这种配置的车辆可用。

（2）充电方法　以比亚迪 e6 汽车的家庭用交流充电为例, 充电步骤如下：

① 电源档位置处于 OFF, 按下即时充电（预约充电开启时）按键。

② 打开充电口舱门（图 1-9）, 打开充电口盖。

③ 连接供电插头（要求家用充电插座为 220V 50Hz 10A 标准单相两极带接地）, 控制盒点亮 ready 指示灯。

④ 连接车辆端交流充电器（图 1-10）, 仪表点亮充电指示灯, 开始充电。

图 1-9　打开充电口舱门

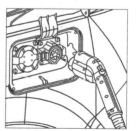

图 1-10　连接车辆端交流充电器

⑤结束充电，直接断开车辆端交流充电器，按下开关，拔出交流充电器。

⑥断开供电插头，关闭充电口盖和充电口舱门。

⑦整理充电连接装置，充电结束。

企业提示：充电注意事项！

> **⚠ 警告**
>
> ■请选择在相对较安全的环境下充电（如避免有液体、火源等环境）。
>
> ■请勿修改或者拆卸充电端口和充电设备，否则可能导致充电故障，引起火灾。
>
> ■充电前请确保车辆充电口和充电插接器端口内没有水或外来物，及金属端子没有生锈或者腐蚀造成的破坏或者影响，如果有此情况发生，请勿充电。因为不正常的端子连接可能导致短路或电击，威胁生命安全。
>
> ■如果在充电时发现车里散发出一种不同寻常的气味或者烟，请立即停止充电。
>
> ■为了避免造成严重的人身伤害，车辆正在充电时，要有以下预防意识：
>
> ●请勿接触充电端口或者充电插接器内的金属端子。
>
> ●当有闪电时，请勿给车辆充电或触摸车辆，闪电击中可能导致充电设备损坏，造成人身伤害。
>
> ■充电结束后，请勿以湿手或站在水里时去断开充电器，因为这样可能引起电击，造成人身伤害。
>
> ■车辆行驶前请确保充电插接器从充电口断开。
>
> ■如果想在车内使用任何医学设备，在使用之前请和制造商确认充电是否影响设备的正常工作，充电时可能导致设备的不正常操作，造成人身伤害。

> **⚠ 警告**
>
> ■当仪表 SOC 指示条进入红色警戒格时，表明动力电池电量已不足。建议客户在电量降至警戒格时即去充电，可以确保不会因电量不足而无动力搁浅，不建议在电量耗尽后再进行充电，因为那样会影响电池的使用寿命。
>
> ■家用交流充电（装有时）是使用车辆配备的交流充电连接装置进行充电的。专用电路是为了避免线路破坏或者由于给电池充电时的大功率导致电路跳闸保护，如果没有使用专用电路，可能影响电路上其他设备的正常工作。如果一个专用电路已经不能满足使用要求，应由专业电工来安装。
>
> ■为了避免对充电设备造成破坏：
>
> ●请勿在充电口盖打开的状态下关闭充电口舱门。
>
> ●请勿用力拉或者扭转充电电缆。
>
> ●请勿使充电设备承受撞击。
>
> ●请勿在温度高于50°C的环境下存放或者使用充电设备。
>
> ●请勿把充电设备放在靠近加热器或其他热源的地方。
>
> ■当外部电网断电不超过2h时，会自动重新启动充电，不用重新连接充电器。
>
> ■充电时，请勿停留在车辆内。
>
> ■如果有一个医学设备，请和制造商确认充电时对车内的医学设备是否有影响。充电时电源档位需处于 OFF 档，电源为 OK 档时不能充电，禁止电源为 OK 档时充电。
>
> ■充电时，行李箱内的高压配电箱处于工作状态，此时会发出几次继电器吸合的"咔嗒"声，属于正常现象。
>
> ■充电时请离开充电车辆并严格按照充电站的要求进行充电。
>
> ■当动力电池电量充满后，系统会自动停止充电。
>
> ■停止充电时应先将充电柜或充电桩关闭，再断开充电器；家用交流充电时应先断开交流充电器，再断开插座端电源。
>
> ■起动车辆前请确保充电器已经断开，充电口盖和充电口舱门已经关闭，因为充电器锁止机构没有完全锁止状态下，车辆可能也可以上 OK 档，并能够挂档行驶，有损坏充电设备及车辆的风险。充电口盖未关闭，水或外来物质有进入充电口端子的风险，影响正常使用。
>
> ■当环境温度低于0°C时，充电时间要比正常时间长，充电能力较低，具体充电时间以仪表显示时间作为参考。
>
> ■如果车辆长时间不使用，为了延长动力电池的使用寿命，每3个月对车辆充放电一次。

■为方便使用，仪表上会提示预计充满电时间。不同温度、电量和充电设施等情况下，充满电时间可能有一定偏差，属于正常现象。

■如果充电口舱门因天气等原因导致冻住，请使用热水或不高于100℃的加热装置将冰融化后再开启充电口舱门，请勿强行打开。

4. 纯电动汽车的正确使用

（1）起动、起步与驾驶操作

1）检查车辆周围情况，用电子钥匙打开车门，调整好驾驶座椅，系好安全带，检查完毕后，松开驻车踏板。

2）踩住制动踏板，按下起动按钮，等待 OK 灯亮（图 1-11），检查电池电量和预估里程。

3）按下模式选择开关进入运动模式（图 1-12）。

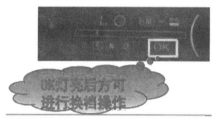

图 1-11　等待 OK 灯亮

图 1-12　模式选择开关

4）将档位挂至 D 位（前进档，如图 1-13 所示，图中 N 为空档，R 为倒车档），仪表显示档位灯亮后，慢慢松开制动踏板即可起步。

5）在车辆行驶中，模式选择开关最好选择经济模式，以节约电耗，同时尽量避免急加速和急减速，防止造成较大电流冲击，影响车辆动力系统的寿命。

（2）电动汽车使用注意事项　电动汽车使用方法与传统燃油汽车基本相似，不同的和应该注意的有如下一些：

①起动之前应将变速杆置于 P 位（图 1-13），解除驻车制动，完全踩下制动踏板，直到驶离。

②每次起动后要等待数秒钟，OK 灯亮后方可运转车辆。

③在车没有停稳之前，不能强行挂入 P 位，以免损坏变速器。

图 1-13　变速杆

⚠ 警告

●如关闭电机并挂入 N 位后仍让车辆移动，变速器将因无法得到润滑而严重受损。

●如电机运转且已挂入 R/D 位时，务必踩住制动踏板停止车辆，因为即使在怠速工况下，传动器仍可传递动力，车辆可能缓慢前行。

●行驶时如换档，切勿踩加速踏板，谨防发生事故。

●车辆行驶中切勿将换档桩推入 R 位或按下 P 位按钮，谨防发生事故。

●车辆不得在 N 或 P 位上沿斜坡下行，即使电机不运转时也不允许。

●为了防止车辆无意间移动，车辆停稳后要拉紧制动器，并按下 P 位按钮。

④冷却液应按照说明书要求添加，不能使用纯净水作为冷却液。

⑤应避免车辆通过积水深的路面，避免水浸入动力蓄电池。如比亚迪 e6 电动汽车电池托架最小离地间隙为 138mm，涉水深度不要超过该高度。

⑥在电量较低的情况下（低于 20%），应避免爬坡行驶，应及时充电。

⑦橙色线束均为高压线，非专业人员请不要接触此类线束。如出现故障，请直接联系相关维修企业。

⑧新车在最初的 2000km 属于磨合期，严禁高速、大负荷行驶。在起动和驾驶时，避免将加速踏板踩到底，不要以单一的速度长时间地进行快速或慢速行驶，不要拖曳其他车辆。在最初的 300km 之内，避免紧急制动。

⑨长期存放不使用的车辆，请在存放前将动力蓄电池充满。储存期间每 6 个月应至少进行一次补充充电，慢充至电量超过 50%。

其他使用注意事项请仔细阅读车辆使用说明书。

企业提示：**预防火灾**

1）车内禁止存放易燃易爆物品。在炎热的夏季，停在阳光下的车辆内部温度可高达 70℃ 以上，如车内存放有打火机、清洗剂和香水等易燃易爆物品，极易引起火灾甚至爆炸。

2）吸烟后要确认烟头已完全熄灭。如果烟头在没有完全熄灭的状态下，有可能会引起火灾。

3）建议定期到比亚迪汽车授权服务站进行检查。对于全车电路也要定期检查，电器和线束的接插件、绝缘及固定位置等是否正常，如果发现问题应及时进行处理。

4）禁止改装车辆电路、加装电器部件。加装其他用电器（如大功率音响、氙气前照灯等）会造成电路负荷过大，线束容易发热造成火灾。

严禁使用超出用电器额定规格的熔丝或其他金属丝代替熔丝。

5）行车注意事项。车辆在停放期间，尤其是在夏季，一定要注意车底是否有易燃物，比如干草、枯枝树叶或麦秆等，因车辆长时间行驶后电机等部件温度升高，如果车底有易燃物，很有可能引起火灾。

车辆在行驶过程中，也应尽量避开堆积有干树叶、麦秆和杂草等易燃物的路段，或在经过此类路段后及时停车检查车底是否挂有易燃物等。在停车时，也要尽量避开太阳曝晒的地方。

6）车上要常备轻便的灭火器，并要掌握使用方法。为保证车辆安全，应在车上配备灭火器，并且要定期检查和更换；同时要熟悉灭火器的使用方法，做到有备无患，以免发生意外时束手无策。

7）当车辆在维修或保养时，需断开低压电池负极线。

8）请使用本车配套点烟器，禁止用逆变器从点烟器处取电。

⚠ 温馨提示

● 为了防止车辆发生意外带来损失，建议投保商业险（如自燃损失险、全车盗抢险等）。

ⓘ温馨提示电动汽车的正确使用视频参见教学资源 1.2

任务总结

1) 电动汽车是纯电动汽车、混合动力电动汽车和燃料电池电动汽车的总称。其主要特点是节能、环保与低噪声。

2) 电动汽车(EV)根据使用动力源不同分为纯电动汽车(BEV)、混合动力电动汽车(HEV)和燃料电池电动汽车(FCEV)三类。BEV 是驱动能量完全由电能提供的、由电机驱动的汽车。电机的驱动电能来源于车载可充电储能系统或其他能量储存装置;HEV 是能够至少从消耗的燃料和可再充电电能储存装置两类车载存储的能量中获得动力的汽车;FCEV 是以燃料电池系统作为单一动力源或者是以燃料电池系统与可充电储能系统作为混合动力源的电动汽车。

3) BEV 动力装置主要由动力蓄电池组、驱动电机、控制系统及安全保护系统等组成。当汽车行驶前进时,电池组输出的直流电经电机控制系统变为交流电后供入驱动电机,电机输出的转矩经传动系统驱动车轮。当汽车减速时,车轮带动驱动电机转动,通过电机控制系统使感应电机成为交流发电机产生电流,再将交流电变为直流电向电池组充电。

4) BEV 的行驶状态主要有起动、起步、正常行驶、急加速、上坡、减速制动、倒车和停车等模式。

5) BEV 使用前一定要仔细阅读车辆使用说明书,使用中要密切注意组合仪表各项信息,及时发现存在问题并排除。

6) 要注意电动汽车与传统汽车使用的不同之处,尤其要注意高压安全。

作 业

完成"学习工作页"1.1~1.9 各项作业。

任务 2　电动汽车的维护

学习目标

1. 掌握电动汽车的维护意义与分类
2. 学会电动汽车的日常维护
3. 熟悉电动汽车首次维护、A 级维护和 B 级维护的主要内容
4. 培养良好的职业道德与安全、环保意识

任务接受

客户王先生新买的比亚迪 e6 电动汽车,已经使用了 5000km,到 4S 店要求给予首次维护。任务接待参见"学习领域 1 汽车维修接待、沟通与管理"的任务 2 和任务 4。

任务准备

2.1 电动汽车维护的信息收集

1. 电动汽车维护意义

电动汽车在使用中,必然造成零件磨损、调整参数变化或螺钉松动等问题,如果不及时维护,可能造成不应有的经济损失和安全事故,按照企业要求进行定期维护,可以有效延长汽车寿命,使汽车的维修费用降到最低,"三分修、七分养",说明了汽车平时维护的重要性。

2. 电动汽车维护分类

汽车维护的时间与内容,随不同的车型而不同,应按照使用说明书进行定期维护。依据国家最新标准,我国汽车维护分为日常维护、首次维护、A 级维护和 B 级维护四类。电动汽车基本维护时间与要求见表 2-1。

表 2-1 电动汽车基本维护时间与要求

维护分类	维护时间	维护人员	维护内容
日常维护	每天出车前、行车中和收车后	驾驶人	以清洁、补给和安全检视为作业中心(包括汽车外表清洁,各处润滑油、燃油、冷却液、制动液、各种工作介质、轮胎及其气压等进行检视补给,对汽车制动、转向、传动、悬架、灯光和信号等安全部位和位置以及发动机运转状态进行检视)
首次维护	行驶 5000km(6 个月)[1]	企业技术人员	包括日常维护所有内容,另外增加检查更换变速器油,检查制动系统、转向系统、空调系统、车身、安全气囊是否正常,进行前后轮胎定位检查
A 级维护(小保养)	每行驶 5000km(6 个月)[1]	企业技术人员	包括日常维护所有内容,另外增加检查更换变速器油
B 级维护(大保养)	每行驶 10000km(12 个月)[1]	企业技术人员	包括首次维护所有内容,另外增加更换空调滤清器等内容

[1] 里程表和月数,以先到者为准,同时还应该根据汽车使用条件的不同有所区别,如汽车经常在崎岖或泥泞、融雪行驶,在多尘路面行驶;经常大负荷工作;在 8km 以内,进行反复短距离行驶;外界气温在 0℃ 以下;长期空转或低速长途行驶,则应提前进行维护。具体各种车型的维护周期应根据使用说明书进行。

有的汽车还要求进行换季维护，一般是在入冬和入夏前气温变化较大时进行。换季维护以更换燃油、润滑油和防冻液为主要内容。

3. 比亚迪 e6 电动汽车维护计划

比亚迪 e6 电动汽车具体维护计划见表2-2。

表2-2　比亚迪 e6 电动汽车具体维护计划

维护时间间隔 / 维护项目	里程表读数或月数，以先到者为准															
×1000km	7.5	15	22.5	30	37.5	45	52.5	60	67.5	75	82.5	90	97.5	105	112.5	120
月数	12	24	36	48	60	72	84	96	108	120	132	144	156	168	180	192
月数	6	12	18	24	30	36	42	48	54	60	66	72	78	84	90	96
1. 检查紧固底盘固定螺钉	I	I	I	I	I	I	I	I	I	I	I	I	I	I	I	I
2. 检查制动踏板和电子驻车开关	I	I	I	I	I	I	I	I	I	I	I	I	I	I	I	I
3. 检查制动摩擦块和制动盘	I	I	I	I	I	I	I	I	I	I	I	I	I	I	I	I
4. 检查制动系统管路和软管	I	I	I	I	I	I	I	I	I	I	I	I	I	I	I	I
5. 检查制动钳总成导向销	I			I			I			I			I			I
6. 检查转向盘、拉杆	I	I	I	I	I	I	I	I	I	I	I	I	I	I	I	I
7. 检查传动轴防尘罩	I	I	I	I	I	I	I	I	I	I	I	I	I	I	I	I
8. 检查球销和防尘罩	I	I	I	I	I	I	I	I	I	I	I	I	I	I	I	I
9. 检查前后悬架装置	I	I	I	I	I	I	I	I	I	I	I	I	I	I	I	I
10. 检查轮胎和重启压力（含 TPMS）	I	I	I	I	I	I	I	I	I	I	I	I	I	I	I	I
11. 检查前轮定位、后轮定位	I	I	I	I	I	I	I	I	I	I	I	I	I	I	I	I
12. 轮胎调换	I		I		I		I		I		I		I		I	
13. 检查车轮轴承有无游隙	I			I			I			I			I			I
14. 检查车身损坏情况	每年															
15. 检查前舱盖锁及其紧固件	每年															
油品																
16. 检查副散热器内冷冻液液面高度	I	I	I	I	I	I	I	I	I	I	I	I	I	I	I	I
17. 检查转向液	I	I	I	I	I	I	I	I	I	I	I	I	I	I	I	I
18. 检查制动液	I	I	I	I	I	I	I	I	I	I	I	I	I	I	I	I
19. 更换驱动电动防冻液	每4年或100 000km更换长效有机酸型冷却液，以先到者为准															
20. 更换制动液	每2年或40 000km更换一次															
21. 更换转向液	每4年或100 000km更换一次															
22. 检查减振器油	免更换															
23. 检查和更换变速器内的齿轮油	首保6个月或5000km更换，后续24个月或48 000km更换															
高压																
24. 检查高压模块故障码（记录后清除）	I	I	I	I	I	I	I	I	I	I	I	I	I	I	I	I
25. 检查动力电池托盘、防撞杆	I	I	I	I	I	I	I	I	I	I	I	I	I	I	I	I
26. 检查动力总成是否漏液、磕碰	I	I	I	I	I	I	I	I	I	I	I	I	I	I	I	I
27. 检查高压线束或接插件是否松动，引脚是否烧蚀	I	I	I	I	I	I	I	I	I	I	I	I	I	I	I	I

（续）

维护项目 \ 维护时间间隔	里程表读数或月数，以先到者为准															
×1000km	7.5	15	22.5	30	37.5	45	52.5	60	67.5	75	82.5	90	97.5	105	112.5	120
	12	24	36	48	60	72	84	96	108	120	132	144	156	168	180	192
月数	6	12	18	24	30	36	42	48	54	60	66	72	78	84	90	96
28. 检查高压模块外观是否变形、是否有油液	I	I	I	I	I	I	I	I	I	I	I	I	I	I	I	I
29. 检查各充电插接器接口处是否有异物、烧蚀等情况	I	I	I	I	I	I	I	I	I	I	I	I	I	I	I	I
30. 容量测试及校正	每 6 个月或 72 000km															
31. 检查高压系统模块是否有软件更新，有则更新	I	I	I	I	I	I	I	I	I	I	I	I	I	I	I	I
电器																
32. 检查灯具灯泡、LED 是否点亮正常	I	I	I	I	I	I	I	I	I	I	I	I	I	I	I	I
33. 检查前照灯调光功能是否正常	I	I	I	I	I	I	I	I	I	I	I	I	I	I	I	I
34. 更换普通滤网	I	I	I	I	I	I	I	I	I	I	I	I	I	I	I	I
35. 更换空调冷却液	每 4 年或 100 000km 更换长效有机酸型冷却液，以先到者为准															
36. 近光初始下倾度校准	每隔 10 000km 校准一次															
37. 安全气囊模块及 ECU、传感器	每 10 年或 100 000km 更换一次															
温馨提示	为了使动力电池处于最佳状态，需要定期（至少 6 个月或 72 000km）对车辆进行满充满放，达到电池自我校正的目的，也可以联系比亚迪汽车授权服务站进行容量的测试与校正															

1. 在检查第 1 项时，如发现底盘部件有异常损坏请及时更换。

2. 表中符号含义：I = 必要时进行检查、修正或更换。粗体标示的为严酷工况所增加项。

注意：

"严酷使用条件"规格，仅适用于在严酷使用条件下使用的汽车。严酷使用条件包括下列各项：

1）经常在多尘的地区行驶或经常暴露在含盐分的空气中。

2）经常在颠簸的路面、有积水的路面或山路上行驶。

3）在寒冷地区行驶。

4）频繁地使用制动器、经常急制动。

5）经常作为牵引拖车。

6）作为出租汽车使用。

7）在 32℃以上的温度下，在交通拥挤的市区行驶时间超过总行驶时间的 50%。

8）在 30℃以上的温度下，以 120km/h 或更高车速行驶的时间超过总行驶时间的 50%。

9）超负荷行驶。

4. 电动汽车的日常维护注意事项

电动汽车的日常维护是由驾驶人自己进行的，维护时特别应该注意如下问题（以比亚迪 e6 为例）：

  1）开车前的检查。

  ①检查电量是否充足。

  ②检查蓄电池插头是否紧固、是否腐蚀。

  ③检查轮胎螺钉是否紧固，轮胎气压是否正常，磨损是否严重。

  ④检查地面是否有异常液体。

  ⑤检查冷却液、制动液是否需要添加、是否渗漏。

  ⑥检查车门锁、儿童锁功能是否正常。

  ⑦检查安全带是否正常。

  2）起动车辆后观察仪表是否有故障灯亮。

  3）行车中检查转向是否轻便，有无异响；制动是否灵敏有效。

2.2　电动汽车首次维护计划与设备、材料准备

  1. 维护计划（表 2-2）

  2. 维护设备与材料准备（表 2-3）

表 2-3　电动汽车首次维护设备与材料准备

名　称	数　量	名　称	数　量
比亚迪 e6 汽车	1 辆	前驱变速器齿轮油	3.5L，齿轮油型号 SAE80W-90（当环境温度低于 - 15℃ 时，采用 SAE75W-90）
汽车举升机	1 台	后驱变速器齿轮油	1.5L，齿轮油型号 ATF220
汽车四轮定位仪	1 台	冷却液	四季防冻液 1 罐
轮胎气压表	1 个	制动液	1 罐
百分表	1 个	空调空气滤清器	1 个
千分尺（0～25mm）	1 把	空调制冷剂	1 罐
常规拆装工具	1 套	工具盆	1 套
600V 绝缘手套	1 套	手套、抹布等	1 批

任务实施

2.3　比亚迪 e6 电动汽车首次维护

  1）检查冷却液管有无损伤，是否锁紧。

  2）检查溢水壶内冷却液液面高度是否在上限（MAX）和下限（MIN）范围内（如图 2-1 所示的 A、B 之间），必要时添加规定的防冻液。

  🛈温馨提示　在打开散热器盖之前，要确认散热器、电机、DC/DC 转换器、电机控制器已经冷却，否则打开散热器盖会导致冷却液喷出，导致严重烫伤。

  3）检查更换前、后驱变速器齿轮油，新变速器磨合完成后，需要更换规定型号的新齿轮油（表 2-3）。更换时先打开放油螺钉（图 2-2）放油，之后拧紧螺钉，打开螺钉，注入新

齿轮油。

在平时使用中，要检查变速器里面的油量，可拧开螺钉，用手指小心触摸里面的油位，正常油位应达到螺钉孔的边缘（图2-3），否则应该添加。

4）检查紧固底盘各处的螺钉应紧固，无松动。

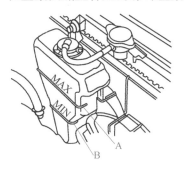

图2-1　冷却液液面高度检查

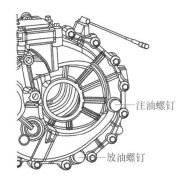

注油螺钉

放油螺钉

图2-2　变速器齿轮油更换

5）检查制动踏板和驻车制动器应可靠有效。

①制动踏板位置开关的检查调整。压下制动踏板位置开关，直到其柱塞被完全压紧（如图2-4螺纹端A与踏板臂上的衬垫B接触），然后将制动踏板位置开关顺时针转动，直到锁紧。确认踏板松开后制动指示灯熄灭。

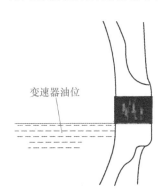

变速器油位

图2-3　变速器油位检查

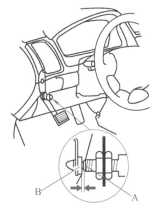

B　　　A

图2-4　制动踏板位置开关
　　　　的检查调整

②检查制动踏板的自由行程。断开整车电源，用手推动踏板，以检测踏板B处的自由行程A是否为1~5mm（图2-5）。如果不符，则调整制动踏板位置开关C。

6）检查制动摩擦片和制动盘磨损应该正常。

①前制动摩擦片的检查。

a. 举升车辆前部，利用安全支撑，在合适的位置将其支撑，拆下前轮。

b. 检查内侧摩擦片和外侧摩擦片的厚度（垫片的厚度不计）。摩擦片的标准厚度为12.1~12.5mm，维修极限为2mm。

②前制动盘检测。

a. 拆下前轮后，拆下制动片。

b. 使用千分尺，在距制动盘外缘 10mm（图 2-6）、间隔大约为 45°的 8 个点处测量制动盘的厚度，其标准值为 27.9～28.1mm，如果小于 26mm，则应更换制动盘。

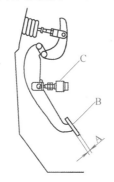

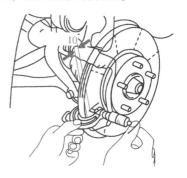

图 2-5　制动踏板自由行程的检查调整　　　　图 2-6　前制动盘的检测

③后制动摩擦片的检测。

a. 举升车辆后部，利用安全支撑，在合适的位置将其支撑，拆下后轮。

b. 检查内侧摩擦片 A 和外侧摩擦片 B 的厚度（如图 2-7 所示垫片的厚度不计）。摩擦片厚度标准值为 11.1～11.5mm，维修极限为 2mm。如果摩擦片厚度小于维修极限，则应将摩擦片整套更换。

④后轮制动盘的检测。

a. 拆下后轮后，拆下制动片。

b. 使用千分尺，在距制动盘外缘 10mm、间隔大约为 45°的 8 个点处测量制动盘的厚度，其标准值为 15.9～16.1mm，如果小于 14mm，则应更换制动盘。

7）制动软管、管路及制动液的检查。

①检查制动软管是否损坏、老化、泄漏、相互干扰和扭曲。

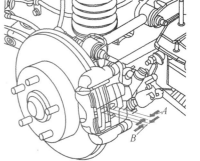

图 2-7　后制动摩擦片的检测

②检查制动管路是否损坏、锈蚀及泄漏，还要检查制动管路是否被碰弯。

③检查软管和管路接头和连接处是否出现泄漏，必要时重新紧固。

④检查制动总泵和 ABS 调制器装置是否破损或泄漏。

⑤检查制动液是否正常（制动总泵储液罐的液位必须处于最大液位标志处，如图 2-8 所示），必要时补充或更换。

⑥检查制动液是否有空气，如有按照以下步骤排气：

a. 将一段干净的排放管接在排放螺钉上。

b. 由助手缓慢踏压制动踏板几次，然后施加持续不变的压力。

c. 从左后方开始，松开制动器排气螺钉，让空气从系统中释放出来，然后牢固地拧紧排气螺钉。

d. 按图 2-9 顺序，依次对每个车轮进行上述操作，直到排放管中出来的制动液中见不到气泡为止。

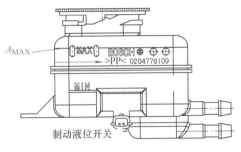

图 2-8　制动液位的检查

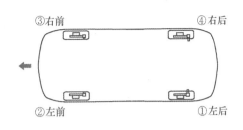

图 2-9　制动液排气顺序

e. 再次将制动总泵储液罐注满，使液面达到 MAX（最高液位）标线。

8）检查转向系统的转向盘回位是否正常，自由行程是否正确，拉杆、传动轴及其防尘罩、球销是否变形、损坏。

转向盘自由行程的检查方法如下：

①停车且轮胎朝向正前方。

②轻摇转向盘，检查转向盘自由行程。如图 2-10 所示，转向盘最大自由行程为 30mm。

9）检查动力转向储液罐的油面高度应处于 MAX（上限）和 MIN（下限）范围内（图 2-11）。若低于下限液位，应添加动力转向液，使液位上升至上限液位。

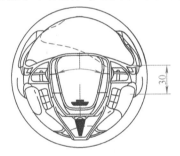

图 2-10　转向盘自由行程的检查

图 2-11

10）检查悬架装置是否工作正常。

11）检查轮胎表面是否磨损严重或损坏。磨损情况可以根据轮胎面磨损指示标志（图 2-12），如果看到两个或更多花纹出现磨损标志，就应更换轮胎。轮胎表面出现割伤、断裂、露出帘布层等均应更换轮胎。更换轮胎时一般要求同时更换四个，至少要同时更换两个，更换轮胎还需要做动平衡试验。

采用轮胎气压表检查轮胎气压是否正常（落地胎正常气压是 250kPa，备胎正常气压是 420kPa），同时检查气门嘴盖是否完好。

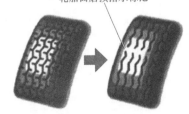

图 2-12　轮胎面磨损指示标志

🛈温馨提示　轮胎气压表检测应该在冷轮胎时进行，或在停车 3h，或行驶不超过 1.5km 时进行，否则检测数据不准确。

12）在汽车四轮定位仪上检查前后轮定位是否正常。

13）检查车辆轴承有无游隙，必要时进行调整。

14）检查空调制冷及制热是否正常，必要时补充制冷剂。

15）更换空调空气滤清器。

16）检查安全气囊是否正常。

17）检查车身是否损坏。

ⓘ温馨提示 电动汽车的维护视频参见教学资源2.1 。

任务总结

1）电动汽车按照企业要求进行定期维护，可以有效延长汽车寿命，使汽车的维修费用降到最低。

2）电动汽车维护分为日常维护、首次维护、A级维护和B级维护四个等级。

3）日常维护由驾驶人进行，主要维护内容是以清洁、补给和安全检视为作业中心。

4）首次维护由企业进行，主要维护内容包括日常维护所有内容，另外增加检查更换变速器油；检查制动系统、转向系统、空调系统、车身、安全气囊是否正常；进行前后轮胎定位检查等。

5）A级维护由企业进行，内容包括日常维护所有内容，另外增加检查更换变速器油。

6）B级维护由企业进行，内容包括首次维护所有内容，另外增加更换空调滤清器等内容。

作 业

完成"学习工作页"2.1～2.3各项作业。

模块 2
电动汽车动力蓄电池及其管理系统的故障诊断与维修

任务 3　动力蓄电池故障警告灯亮的故障诊断与维修

 学习目标

1. 掌握动力蓄电池的主要性能指标
2. 熟悉动力蓄电池的分类、基本结构与工作原理
3. 学会动力蓄电池的常见故障与一般检测

4. 能够进行动力蓄电池的拆装维修

5. 培养合作实训、严谨工作的职业道德与安全、环保意识

任务接受

客户报修：比亚迪 e6 电动汽车，行驶中突然组合仪表中动力蓄电池故障警告灯亮，要求服务站给予检修。

任务接待参见"学习领域 1　汽车维修接待、沟通与管理"的任务 2 和任务 4。

任务准备

3.1　电动汽车动力蓄电池系统的信息收集

1. 动力蓄电池的作用与主要性能指标

动力蓄电池（简称为动力电池）是指为电动汽车动力系统提供能量的蓄电池，它是 BEV 行驶时的唯一驱动能源，对汽车运行起决定性的作用。动力蓄电池的主要性能指标如下：

（1）电压　电压指动力蓄电池正负极间的电位差，单位 V（伏特）。根据检测工况的不同，分为如下几种：

标称电压：由厂家指定的用于标识电池的适宜的电压近似值。

开路电压：指蓄电池在开路条件下的端电压。随着电池放电程度的增加或电池性能的下降，开路电压会随之下降。

负载电压：是指蓄电池接上负载后处于放电状态下的端电压。放电电流越大，负载电压越低；随着蓄电池放电程度的增加，负载电压也会随之下降。

充电截止（终止）电压：是指蓄电池正常充电时允许达到的最高电压。

放电截止（终止）电压：是指蓄电池正常放电时允许达到的最低电压。

根据动力蓄电池检测对象不同，有单体蓄电池电压（单体蓄电池是指将化学能与电能进行互相转换的基本单元装置，通常包括电极、隔膜、电解质、外壳和端子，并被设计成可充电。也称为电芯）、蓄电池模块（一个以上单体蓄电池的串并联组合，也称作蓄电池组）电压和蓄电池包（通常包括蓄电池组、蓄电池管理系统、蓄电池箱及相应附件，具有从外部获得电能并可以对外输出电能的单元）电压。

（2）内阻　内阻是指蓄电池中电解质、正负极群、隔膜等电阻的总和。内阻越大，蓄电池自身消耗掉的能量越多，使用效率越低，在充电时发热越厉害。随着电池使用次数的增多，由于电解液的消耗及电池内部化学物质活性的降低，蓄电池的内阻会有不同程度的升高。

（3）容量　容量指完全充电的蓄电池在规定条件卜所能释放出的总容量，它是放电电流和放电时间的乘积，单位为 A·h 或 mA·h（1A·h＝1000mA·h）。

额定容量：是指在规定条件下测得并由制造商标明的电池容量。根据测试条件不同，容量分有常温放电容量、常温倍率放电容量（能量型）、常温倍率放电容量（功率型）、常温倍率充电性能、低温（-20℃）放电容量、高温（55℃）放电容量、常温荷电保持与容量恢复能力等，GB/T 31486—2015 对动力蓄电池模块的测试方法和判定标准的规定见表 3-1。

表 3-1　各种容量的测试方法和判定标准

容量分类	测试方法	判定标准
常温[1]放电容量	1C[2]充电至截止电压，1C 放电至截止电压，计算放电容量。重复 5 次测试，取平均值数据	1）计算容量在企业所规定额定值的100%~110%范围内 2）所有样品的计算容量极差（最大和最小容量差）不得超过 5%（一致性要求）
常温倍率放电容量（能量型[3]）	常温下以 1C 充满电，以 3C 放电（最大电流不超过400A）至某一单体达到截止电压，计算放电容量	计算容量不低于额定值的 90%
常温倍率放电容量（功率型[4]）	常温下以 1C 充满电，以 8C 放电（最大电流不超过400A）至某一单体达到截止电压，计算放电容量	计算容量不低于额定值的 80%
低温（-20℃）放电容量	常温下以 1C 充满电，在 -20℃ 温度下储存 24h，在 -20℃ 以 1C 放电至某一单体达到截止电压，计算放电容量	计算容量不低于额定值的 70%（锂电池）或 80%（镍氢电池）
高温（55℃）放电容量	常温下以 1C 充满电，在 55℃ 温度下储存 5h，在55℃下以 1C 放电至某一单体达到截止电压，计算放电容量	计算容量不低于额定值的 90%

① 常温：指环境温度（25±2）℃。

② C：充放电倍率（=充放电电流/电池额定容量）。如额定容量 100A·h 的电池，1C 表示充电或放电电流是 100A（100A·h 的 1 倍率）。

③ 能量型电池：室温下，最大允许持续输出电功率（W）和 1C 倍率放电能量（W·h）的比值低于 10 的蓄电池。主要应用于 EV 和插电式/增程式混合动力车。能量型动力蓄电池系统要求储存的能量多（比能量），高低温性能好，循环寿命好。

④ 功率型电池：室温下，最大允许持续输出电功率（W）和 1C 倍率放电能量（W·h）的比值不低于 10 的蓄电池。主要应用于混合动力汽车，起到能量回收和动力辅助输出的作用，要求倍率性能突出（比功率要大），内阻小，发热量低，循环寿命长。

（4）能量　能量指在一定的放电条件下，蓄电池所输出的能量（W·h 或 kW·h）。

额定能量：指室温下完全充电的蓄电池，以 1 小时率电流放电，达到放电终止电压时放出的能量（W·h）。

能量密度（比能量）：从蓄电池的单位质量或单位体积所获取的电能，用 W·h/kg（质量能量密度）、W·h/L（体积能量密度）来表示。

（5）功率　功率指在一定的放电条件下，蓄电池在单位时间所输出的电能（W 或 kW）。

功率密度（比功率）：从蓄电池的单位质量或单位体积所获取的输出功率。用 W·h/kg（质量功率密度）、W·h/L（体积功率密度）来表示。

（6）效率 库仑效率与能量效率的总称。

库仑效率（安时效率）：指放电时从蓄电池中释放的容量与同循环过程中充电容量的比值。

能量效率（瓦时效率）：指放电时从蓄电池中释放的能量与同循环过程中充电能量的比值。

（7）循环寿命 循环寿命指电池在保持电池性能的前提下，在指定的充放电终止条件下，以特定的充放电制度进行充放电，动力蓄电池在不能满足寿命终止标准前所能进行的循环数。

根据试验条件的不同，循环寿命分为标准循环寿命和工况循环寿命两种。GB/T 31484—2015 对这两种循环寿命的测试方法和判定标准规定见表3-2。

表3-2 循环寿命的测试方法和判定标准

检验项目	测 试 方 法	判 定 标 准
标准循环寿命	1C 充电，1C 放电，放电深度为 100% DOD（或企业所规定条件）	当容量衰减到初始值的 80% 时，循环测试 >1000 次，或当容量衰减到初始值的 90% 时，循环测试 >500 次
工况循环寿命	采用新的工况循环图谱，分为功率型和能量型两种电池，测试工况区分乘用车和商用车	依据企业所规定数据

（8）荷电保持 荷电保持是指在断路状态下，电池储存的电量在一定环境条件下的保持能力，即通常讲的自放电，一定程度的自放电属于正常现象，自放电主要是由电池材料、制造工艺和储存条件等多方面的因素决定的。通常温度越高，自放电率越大。

（9）安全防护 安全防护包括各种安全要求（振动、机械冲击、跌落、翻滚、碰撞、挤压、温度冲击、湿热循环、海水浸泡、外部火烧、盐雾腐蚀、高海拔安全、过温保护、短路保护、过充电保护、过放电保护）以及各种操作安全要求等。

目前常见动力蓄电池的主要性能比较见表3-3。

表3-3 常见动力蓄电池的主要性能比较

	磷酸铁锂电池	锰酸锂电池	铅酸电池	镍氢电池
单体电压/V	3.2	3.7	2	1.25
比能量/(W·h/kg)	110～130	120～150	30～50	70～120
循环寿命/次	>2000	600～1000	250～350	600～800
高温性能(>55℃)	优异	一般	一般	较好
-10℃容量保持率(%)	70	80	60～70	70～80
最佳放电倍率/C	1	1	0.2	0.5
最大放电倍率/C	30	30	20	30
常温28天自放电率(%)	10	10	5	30
充放电效率(%)	99	99	80	90
过充性能	较好	差	好	差
安全性	好	较好	好	较好
环保性能	无污染	无污染	污染	轻污染

2. 电动汽车动力蓄电池分类

动力蓄电池分类见表3-4。

表 3-4　动力蓄电池分类

分类方法	种　类	含　义
按工作介质分	锂离子蓄电池	利用锂离子作为导电离子，在阳极和阴极之间移动，通过化学能和电能互相转化实现充放电的电池
	金属氢化物镍蓄电池	正极使用镍氧化物，负极使用可吸收释放氢的储氢合金，以氢氧化钾为电解质的蓄电池
	铅酸蓄电池	正极活性物质使用二氧化铅，负极活性物质使用铅，并以硫酸溶液为电解液的蓄电池
按封装形式分	圆柱形	具有圆柱形电池外壳和连接元件（电极）的蓄电池
	方形	具有长方体电池外壳和连接元件（电极）的蓄电池
	软包蓄电池	具有复合薄膜制成的电池外壳和连接元件（电极）的蓄电池
按性能分	高能量型	以高能量密度为特点，主要用于高能量输出的动力蓄电池
	高功率型	以高功率密度为特点，主要用于瞬间高功率输出、输入的动力蓄电池

3. 常用动力蓄电池的结构原理

电动汽车目前广泛应用的动力蓄电池有铅酸蓄电池、镍镉蓄电池、镍氢蓄电池和锂离子蓄电池等。

（1）铅酸电池　铅酸电池是 1859 年由普兰特（Plante）发明的，至今已有 100 多年的历史，由于其价格低廉、原材料易于获得、可靠性好，适用于大电流放电及环境温度范围适应性大等优点而被汽车广泛应用。但其能量密度和功率密度偏小，在小型电动汽车使用较多。

1）基本结构。基本结构如图 3-1 所示，主要由正极板组、负极板组、隔板、容器、电解液及附件等部分组成。一个电池由几个单体电池组成，每个单体电池电压为 2V。

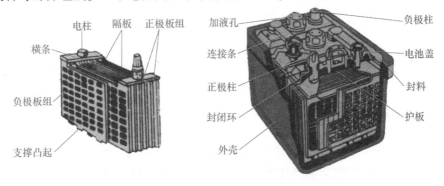

图 3-1　铅酸电池的结构

极板组是由单片极板组合而成的，单片极板又由极栅和活性物质构成，极栅常用铅锑合金制成，正极的活性物质是二氧化铅（PbO_2），负极的活性物质是海绵状纯铅（Pb）。

隔板位于两极板之间，防止正负极板接触而造成短路。材料有木质、塑料、硬橡胶和玻

璃丝等，现大多采用微孔聚氯乙烯塑料。

电解液是用蒸馏水（H_2O）稀释纯浓硫酸（H_2SO_4）配制而成的。其密度视电池的使用方式和极板种类而定，一般在 $1.200 \sim 1.300 g/cm^3$（25℃）范围内（充电后）。

容器通常为硬橡胶槽或塑料槽等。

2）铅酸电池的工作原理如图 3-2 所示。

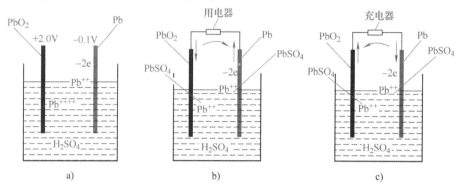

图 3-2　铅酸电池的工作原理
a）建压　b）放电　c）充电

①电池电动势的产生：正极板的二氧化铅在硫酸溶液中水分子的作用下，少量二氧化铅与水生成可离解的不稳定物质——氢氧化铅 [Pb（OH）$_2$]，氢氧根离子（OH$^-$）分散在电解液中，铅离子（Pb^{4+}）留在正极板上，故正极板上缺少电子；负极板的铅与电解液中的硫酸发生反应，变成铅离子（Pb^{2+}），铅离子转移到电解液中，负极板上留下多余的两个电子（2e）。可见，在未接通外电路时（电池断路），由于化学作用，正极板上缺少电子，为 $+2.0V$，负极板上多余电子，为 $-0.1V$，两极板间就产生了一定的电位差 2.1V，这就是电池的电动势。

$$正极板：PbO_2 \rightarrow Pb^{4+} —— +2.0V$$
$$负极板：Pb-2e \rightarrow Pb^{2+} —— -0.1V$$

②电池放电过程：当电池外部电路接通时，在蓄电池的电位差作用下，负极板上的电子经负载进入正极板形成电流，同时在电池内部进行化学反应。

负极板上每个铅原子放出两个电子后，生成的铅离子（Pb^{2+}），与电解液中的硫酸根离子（SO$_4^{2-}$）反应，在极板上生成难溶的硫酸铅（PbSO$_4$）。

正极板的铅离子（Pb^{4+}）得到来自负极的两个电子（2e）后，变成二价铅离子（Pb^{2+}）与电解液中的硫酸根离子（SO$_4^{2-}$）反应，在极板上生成难溶的硫酸铅（PbSO$_4$）。正极板水解出的氧离子（O^{2-}）与电解液中的氢离子（H$^+$）反应生成水。

电解液中存在的硫酸根离子和氢离子在电力场的作用下分别移向电池的正负极，在电池内部形成电流。

放电时硫酸的浓度不断下降，正负极上的硫酸铅增加，电池内阻增大（硫酸铅不导电），电解液浓度下降，电池电动势降低。所以可以通过检查电解液密度来检查电池的放电程度。

放电时化学反应总方程式如下：

$$PbO_2 + Pb + 2H_2SO_4 \rightarrow 2PbSO_4 + 2H_2O$$

③电池充电过程：当充电时，应外接一直流电源（充电机或整流器），使正、负极板在放电后生成的物质恢复成原来的活性物质，并把外界的电能转变为化学能储存起来。

充电时正极板在外界电流的作用下，硫酸铅被离解为二价铅离子和硫酸根负离子，由于外电源不断从正极吸取电子，则正极板附近游离的二价铅离子不断放出两个电子来补充，变成四价铅离子，并与水继续反应，最终在正极极板上生成二氧化铅；同时负极板在外界电流的作用下，硫酸铅被离解为二价铅离子和硫酸根负离子，由于负极不断从外电源获得电子，则负极板附近游离的二价铅离子被中和为铅，并以绒状铅附在负极板上。

充电过程电解液中，正极不断产生游离的氢离子和硫酸根离子，负极不断产生硫酸根离子，在电场的作用下，氢离子向负极移动，硫酸根离子向正极移动，形成电流，同时硫酸浓度升高。

充电时化学反应总方程式如下：

$$2PbSO_4 + 2H_2O \rightarrow PbO_2 + Pb + 2H_2SO_4$$

（2）镍镉蓄电池（Ni-Cd）　1901 年瑞典人尤格涅尔（W. JMger）发明了镉镍蓄电池。镍镉电池循环寿命比铅酸电池长得多（表 3-3），经济耐用，内阻小，可快速充电，可为负载提供大电流，而且放电时电压变化很小，不会出现电解液泄漏现象，故无须补充电解液。但镍镉电池会造成镉污染，还有镍镉电池有记忆效应（Memory Effect），即镍镉电池使用过程中，如果电量没有全部放完就开始充电，当下次再放电时，就不能放出全部电量。比如，镍镉电池只放出 80% 的电量后就开始充电，充足电后，该电池也只能放出 80% 的电量，这种现象称为记忆效应。这是因为电池部分放电后，氢氧化亚镍没有完全变为氢氧化镍，剩余的氢氧化亚镍将结合在一起，形成较大的结晶体，导致无法放电。因此，在使用中应注意尽量放完电后再充电，防止记忆效应的目的。

1）基本结构。基本结构如图 3-3 所示，一个电池由几个单体电池组成，每个单体电池电压为 1.2V。

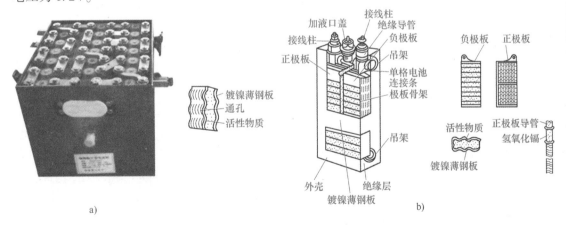

图 3-3　镉镍蓄电池的结构
a）外观　b）结构

镉镍蓄电池属于碱性蓄电池，采用海绵状金属镉作为负极活性物质，氢氧化镍作为正极活性物质。正、负极材料分别填充在穿孔的附镍钢带（或镍带）中，经拉浆、滚压、烧结、化成或涂膏、烘干、压片等方法制成极板；用聚酰胺非织布等材料作为隔离层；电解液通常为氢氧化钠或氢氧化钾溶液。

2）工作原理。镍镉蓄电池充电后，正极板上的活性物质变为氢氧化镍（NiOOH），负极板上的活性物质变为金属镉；镍镉电池放电后，正极板上的活性物质变为氢氧化亚镍，负极板上的活性物质变为氢氧化镉。

$$放电时：Cd + 2NiOOH + 2H_2O \longrightarrow 2Ni(OH)_2 + Cd(OH)_2$$

$$充电时：2Ni(OH)_2 + Cd(OH)_2 \longrightarrow Cd + 2NiOOH + 2H_2O$$

（3）镍氢蓄电池（Ni-MH）　镍氢蓄电池是早期的镍镉蓄电池的替代产品，它是目前最环保的电池之一，其以能吸收氢的金属代替镉，不再使用有毒的镉，可以消除重金属元素对环境带来的污染问题。镍氢蓄电池相比于铅酸电池和镍镉蓄电池有着较大的能量密度比（表3-3），能有效地延长车辆的行驶时间，同时镍氢蓄电池的"记忆效应"比镍镉蓄电池小得多，这使得镍氢蓄电池在电动汽车中得到大量使用，如丰田普锐斯电动汽车动力蓄电池就是镍氢蓄电池。

1）基本结构（图3-4）。镍氢蓄电池正极活性物质为氢氧化镍（称为氧化镍电极），负极活性物质为金属氢化物，也称为储氢合金（电极称为储氢电极），电解液为氢氧化钾。由活性物质构成电极极片的工艺方式主要有绕结式、拉浆式、泡沫镍式、纤维镍式和嵌渗式等工艺制成。单体电池的电压为1.2V。

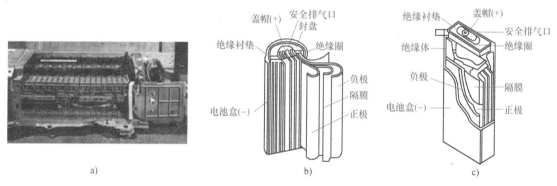

图3-4　镍氢蓄电池的结构

a）普锐斯电动汽车镍氢蓄电池　b）圆柱形电池　c）方形电池

镍氢蓄电池中的金属氢化物的"金属"部分实际上是金属互化物（在一定条件下，金属相互化合而形成的化合物）。许多种类的金属互化物都已被运用，它们主要分为两大类。最常见的是AB_5一类，A是稀土元素的混合物（或者）再加上钛（Ti），B则是镍（Ni）、钴（Co）、锰（Mn）等。而一些高容量电池的"含多种成分"的电极主要由AB_2构成，这里的A则是钛（Ti）或者钒（V），B则是锆（Zr）或镍（Ni），再加上一些铬（Cr）、钴（Co）、铁（Fe）等。所有这些化合物扮演的都是相同的角色：可逆地形成金属氢化物。当电池充电时，氢氧化钾（KOH）电解液中的氢离子（H^+）会被释放出来，由这些化合物将它吸收，避免形成氢气（H_2），以保持电池内部的压力和体积。当电池放电时，这些氢离子便会经由相反的过程而回到原来的地方。

2）工作原理（图3-5）。充电时，负极析出氢气，储存在容器中，正极由氢氧化亚镍变成氢氧化镍（NiOOH）和H_2O；放电时氢气在负极上被消耗掉，正极由氢氧化镍变成氢氧

化亚镍。

$$\text{正极} \qquad Ni(OH)_2 + OH^- - e \underset{\text{放电}}{\overset{\text{充电}}{\rightleftharpoons}} NiOOH + H_2O$$

$$\text{负极} \qquad H_2O + e \underset{\text{放电}}{\overset{\text{充电}}{\rightleftharpoons}} 1/2H_2 + OH^-$$

$$\text{总反应} \qquad Ni(OH)_2 \underset{\text{放电}}{\overset{\text{充电}}{\rightleftharpoons}} NiOOH + 1/2H_2$$

（4）锂离子蓄电池　锂是世界最轻的金属，锂离子蓄电池是利用锂离子作为导电离子，在阳极和阴极之间移动，通过化学能和电能互相转化实现充放电的电池。锂离子蓄电池是1990年由日本索尼公司首先推向市场。相对于传统的铅酸蓄电池与镍氢蓄电池，其性能最为优越，号称"终极电池"，受到市场的广泛青睐。它具有工作电压高（单体标称电压高达3.6V，是镍氢蓄电池的3倍，是铅酸蓄电池的近2倍），比能量大（高达150W·h/kg，是镍氢蓄电池的2倍，是铅酸蓄电池的4倍，因此重量轻，是相同能量的铅酸蓄电池的1/3～1/4），循环寿命长（循环次数可达2000次以上，寿命约为铅酸蓄电池的2～3倍，

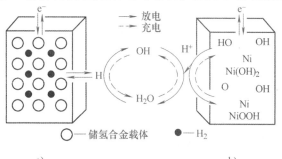

图 3-5　镍氢蓄电池的工作原理

a）负极（储氢合金载体）　b）正极（镍）

使用年限可达5～8年），自放电率低（每月不到5%，是镍氢蓄电池的1/6），允许工作温度宽（-20～55℃），无记忆性，不存在有毒物质，对环境无污染，能够制造成任意形状，尤其是电池主要材料锂（Li）、锰（Mn）、铁（Fe）、钒（V）等，在我国都是富产资源，特别适合我国发展。比亚迪汽车公司开发的磷酸铁锂电池，受到股神巴菲特的极大重视，不惜投入巨资参股。锂离子蓄电池目前主要的问题是成本较高，安全性能有待进一步完善。

1）基本结构（图3-6）。锂离子蓄电池负极一般是可大量储锂的碳素材料，正极是含锂的过渡金属氧化物或磷化物，电解质是锂盐的有机溶液。

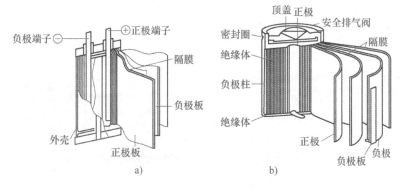

图 3-6　锂离子蓄电池的结构

a）方形锂离子电池　b）圆柱形锂离子电池

正极一般选择相对锂而言电位大于3V且在空气中稳定的嵌锂过渡金属氧化物，如钴酸

锂（$LiCoO_2$）、磷酸铁锂（$LiFePO_4$）、镍酸锂（$LiNiO_2$）、锰酸锂（$LiMn_2O_4$）等。

负极的材料则选择电位尽可能接近锂电位的可嵌入锂化合物，如各种碳材料包括天然石墨、合成石墨、碳纤维、中间相小球碳素等和金属氧化物等。

电解质采用 $LiPF_6$ 的碳酸乙烯酯（EC）、碳酸丙烯酯（PC）和低黏度二乙基碳酸酯（DEC）等烷基碳酸酯搭配的混合溶剂体系。

隔膜采用聚烯微多孔膜如 PE、PP 或它们复合膜，尤其是 PP/PE/PP 三层隔膜不仅熔点较低，而且具有较高的抗穿刺强度，起到了热保险作用。

外壳采用钢或铝材料，盖体组件具有防爆断电的功能。

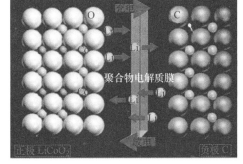

图 3-7 锂离子蓄电池的工作原理

2）工作原理（图 3-7）。当电池充电时，锂离子从正极中脱嵌，经过电解质嵌入负极，负极处于富锂状态。放电时则相反。Li^+ 在两个电极之间往返嵌入和脱嵌，被形象地称为"摇椅电池"。

$$正极 \quad LiCoO_2 \underset{充电}{\overset{放电}{\rightleftharpoons}} Li_{1-x}CoO_2 + xLi^+ + xe^-$$

$$负极 \quad 6C + xLi^+ + xe^- \underset{充电}{\overset{放电}{\rightleftharpoons}} Li_xC_6$$

$$总反应 \quad LiCoO_2 + 6C \underset{充电}{\overset{放电}{\rightleftharpoons}} Li_{1-x}CoO_2 + Li_xC_6$$

除上面介绍的四种电池外，还有镍锌蓄电池、钠硫蓄电池、钠氯蓄电池、锌空气蓄电池和铝空气蓄电池等，在电动汽车用得相对较少，限于篇幅，在此不做介绍。

4. 比亚迪 e6 电动汽车动力蓄电池

比亚迪 e6 电动汽车采用磷酸铁锂（$LiFePO_4$）电池，简称为铁电池，也是锂离子蓄电池的一种，它通过上下盖密封形成电池包，放置在汽车底部（图 3-8）。

电池组由 11 个模块 96 个单体蓄电池组成（图 3-9），每个单体 3.3V，总电压316.8V，电池容量达 220A·h，一次充电65kW·h，可以使续驶里程达到400km。

单体蓄电池内部的结构如图 3-10 所示，左边是橄榄石结构的磷酸铁锂作为电池的正极，由铝箔与电池正极连接，中间是聚合物

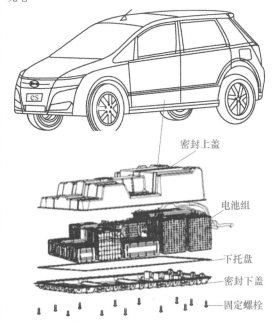

图 3-8 比亚迪 e6 汽车电池包

的隔膜，它把正极与负极隔开，但锂离子 Li^+ 可以通过，而电子 e 不能通过，右边是由碳（石墨）组成的电池负极，由铜箔与电池的负极连接。电池的上下端之间是电池的电解质，电池由金属外壳密闭封装，在使用过程中无须添加电解液，实现真正的免维护。

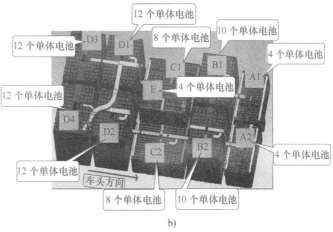

a)　　　　　　　　　　　　　　　　　　b)

图 3-9　比亚迪 e6 电动汽车动力蓄电池

a）单体电池　b）动力蓄电池组

当磷酸铁锂电池在充电时，正极中的锂离子 Li^+ 通过聚合物隔膜向负极迁移；在放电过程中，负极中的锂离子 Li^+ 通过隔膜向正极迁移。电池标称电压 3.3V，终止充电电压 3.6V，终止放电电压 2.0V。化学反应方程式如下：

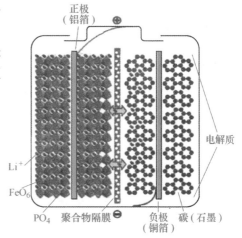

图 3-10　比亚迪 e6 电动汽车电池内部的结构

正极反应　$LiFePO_4 \xrightarrow{充电} Li_{(1-x)}FePO_4 + xLi^+ + xe^-$

$Li_{(1-x)}FePO_4 + xLi^+ + xe^- \xrightarrow{放电} LiFePO_4$

负极反应　$6C + xLi^+ + xe^- \xrightarrow{放电} Li_xC_6$

$Li_xC_6 \xrightarrow{放电} 6C + xLi^+ + xe^-$

总反应　$LiFePO_4 + 6C \xrightarrow{充放电} Li_{(1-x)}FePO_4 + Li_xC_6$

磷酸铁锂电池的充放电特性如图 3-11 所示，可见其平台电压稳定，输出功率也稳定，且随着电流的增大，平台电压变化小，但充放电两端变化快，极化大，所以使用中尤其注意电池不能产生过充电和过放电状态。

低温放电特性如图 3-12 所示，可见磷酸铁锂电池可以在 -20℃ 下工作，但是输出能量要降低 35% 左右。

磷酸铁锂电池的总体特点可以归纳如下：

1）高效率输出。标准放电为 2~5C，连续高电流放电可达 10C，瞬间脉冲放电（10s）可达 20C；高倍率放电电压平稳，特别适用于汽车使用。

2）高温时性能良好。外部温度 65℃ 时内部温度则高达 95℃，电池放电结束时温度可达 160℃，电池的结构安全、完好。

3）即使电池内部或外部受到伤害，电池不燃烧、不爆炸、安全性最好。

4）极好的循环寿命，国家要求电循环 500 次以上，保证电池容量 80% 以上比亚迪动力

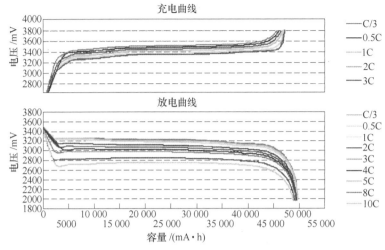

图 3-11　磷酸铁锂电池的充放电特性

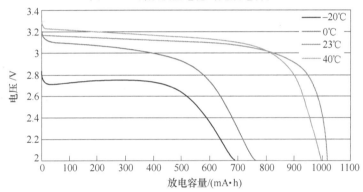

图 3-12　动力蓄电池的低温放电特性

电池经 4000 次循环, 其放电容量仍大于 75%。

5) 过放电到 0V 也无损坏。

6) 可快速充电。

7) 低成本。

8) 对环境无污染。

9) 电池寿命。满足电动汽车行驶 60 万 km, 使用 10 年。

10) 其缺点是低温性能差, 和其他电池一样, 也需要面对电池一致性问题。

5. 比亚迪 e6 电动汽车维修开关

为了方便动力蓄电池等高压部件维修安全, 比亚迪 e6 电动汽车设置了手动维修开关 (图 3-13), 它安装在动力蓄电池组中间, 在进行高压零部件维修时, 务必先拔下维修开关。

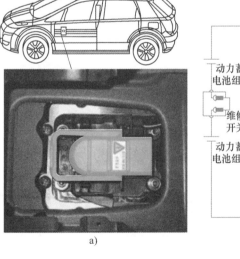

a)　　　　　　　　　　b)

图 3-13　维修开关

a) 实物　b) 电路连接

ℹ温馨提示　特斯拉电动汽车动力蓄电池的基本结构原理视频参见教学资源 3.1。

3.2　比亚迪 e6 电动汽车动力蓄电池故障警告灯亮的故障分析

根据比亚迪 e6 电动汽车结构原理，动力蓄电池方面的故障可能原因如图 3-14 所示。

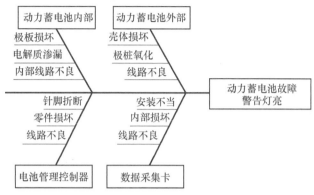

图 3-14　故障可能原因分析

3.3　动力蓄电池系统维修计划与设备、材料准备

1. 维修计划

1）外部直观检查。

2）采用比亚迪 VDS1000 诊断系统进行故障诊断。

3）采用万用表等一般仪器检测。

4）确定故障原因和零部件。

5）针对存在问题进行拆装维修。

2. 维修设备与材料准备

比亚迪 e6 电动汽车维修设备与材料见表 3-5。

表 3-5　比亚迪 e6 电动汽车维修设备与材料

名　称	数　量	名　称	数　量
比亚迪 VDS1000 诊断系统	1 台	胶枪	1 把
汽车万用表	1 台	600V 绝缘手套	1 套
常规拆装工具	1 套	手套, 抹布等	1 批
转矩力扳手	1 把（135N·m）	电工胶布等	2 卷
双柱举升机	1 台（举升质量≥3500kg）	防弧面罩	1 套
液压车	1 台（载重 1000kg）	工作台	1 台

3. 环境要求

要求场地通风、干燥。地面整洁无水迹、油迹，远离高压设备。

任务实施

3.4　比亚迪 e6 动力蓄电池系统故障检查

企业警告！（图 3-15）

⚠ **警告**

高压系统维修步骤：

第一步：切断车辆电源（将起动按钮转到 OFF 档），等待 5min。

第二步：穿戴好绝缘手套、绝缘胶鞋等防护用具。

第三步：拔下维修开关并存放在规定的地方。

第四步：对高压系统进行检查并记录相关数据，在车辆通电时应该通知正在检查、维修高压系统的人员，在检修时做好高压系统的绝缘防护处理。

第五步：对高压系统检修后一定要将拆卸或更换过的零部件进行检查，避免因检修后忘记恢复造成其他影响。

图 3-15　电动汽车高压系统维修操作要求

1. 外部直观检查

直观检查动力蓄电池包紧固螺栓是否有松动，插头是否脱落、松动，极桩是否氧化，表面是否脏污，各高压导线是否损坏等现象，如有应予排除。目测检查电池包壳体是否破损或变形、裂纹，密封法兰是否完整，外部是否漏液，如有应更换壳体或电池组。

2. 用比亚迪 VDS1000 诊断系统进行故障诊断

1）比亚迪 VDS1000 诊断系统外观如图 3-16 所示。

图 3-16　比亚迪 VDS1000 诊断系统外观

2）比亚迪 VDS1000 诊断系统功能。

①无线或有线车辆诊断。

②自动整车进行故障扫描。

③故障码智能关联（关联维修手册、互联网案例库）。

④可视化波形整车数据监测。

⑤诊断过程回放重现。

⑥诊断维修的统计和查询。

⑦智能判断整车程序更新。

⑧在线实时技术支持（文本、语音、视频）。

⑨故障码、维修手册、维修案例查询。

⑩统计分析。

3）比亚迪 VDS1000 远程诊断系统的结构组成如图 3-17 所示。

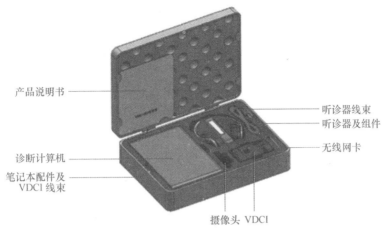

图 3-17　比亚迪 VDS1000 远程诊断系统的结构组成

4）比亚迪 VDS1000 远程诊断系统的使用。

⊙温馨提示 比亚迪 VDS1000 故障诊断仪结构与使用视频参见教学资源 3.2。

5）用比亚迪 VDS1000 诊断系统进行故障诊断步骤。

①将诊断仪连接 DLC3 诊断口（如果提示通信错误，则可能是车辆 DLC3 诊断口问题，也可能是诊断仪问题。可以将诊断仪连接另一辆车的 DLC3 诊断口，如果可以显示，则原车 DLC3 诊断口有问题，需更换。若不可显示则诊断仪问题）。

②整车上 ON 档电，进入电池管理器代码诊断，见表 3-6。

③针对故障进行调整、维修或更换。

④确认测试，结束。

表 3-6　故障码

编号	DTC	描　述	编号	DTC	描　述
1	P1A9000	单节电池电压严重过高	9	P1A9800	电流霍尔采样异常故障
2	P1A9100	单节电池电压一般过高	10	P1A5300	严重漏电故障
3	P1A9200	单节电池电压一般过低	11	P1A5400	一般漏电故障
4	P1A9300	单节电池电压严重过低	12	P1A9900	电池组过电流警告
5	P1A9400	单节电池温度严重过高	13	U029C00	双向逆变充放式电机控制器 VTOG 通信故障
6	P1A9500	单节电池温度一般过高			
7	P1A9600	单节电池温度一般过低	14	U029800	电池管理系统与 DC 通信故障
8	P1A9700	单节电池温度严重过低	15	P1A9A00	电池管理系统初始化错误

3. 用万用表进行终端诊断

（1）动力蓄电池漏电检测　万用表 V 档，正表笔接触电池"＋"极，负表笔接触壳体，得到电压 $U_正$（图 3-18a）；之后正表笔接触电池"－"极，负表笔接触壳体，得到电压 $U_负$，比较 $U_正$ 和 $U_负$，选择大的继续检测；在两表笔之间并联 100kΩ 电阻（图 3-18b），测得 U_2 值，再进行如下计算：

$$\frac{\dfrac{U_正 - U_2}{U_2}R}{316}$$，如果计算值 >500Ω/V，说明不漏电；如果计算值 ≤500Ω/V，说明漏电，应

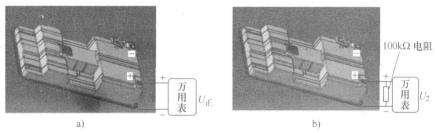

图 3-18　动力蓄电池漏电检测

酌情检修动力蓄电池壳体或更换动力蓄电池。

（2）电池管理线束端输入电压　先断开动力蓄电池管理插接器，再测量线束端输入电压是否正确。

（3）其他故障检测　插回动力蓄电池管理插接器，测量动力蓄电池各端子值，具体操作结合任务 4 进行。

3.5　比亚迪 e6 动力蓄电池系统维修

如果发现动力蓄电池（包括单体蓄电池、蓄电池模块或蓄电池包）损坏，应该进行更换。比亚迪 e6 电池包电压高达 316.8V，维修时务必严格按照企业要求的作业步骤进行。

1. 动力蓄电池包拆卸

1）拆卸前准备。将起动按钮转到 OFF 档，戴上绝缘手套，拔下维修开关（图 3-19），放在其他位置，由专人看管。断开 12V 蓄电池负极。

⚫温馨提示 比亚迪 e6 电动汽车高压维修开关的拔插视频参见教学资源 3.3。

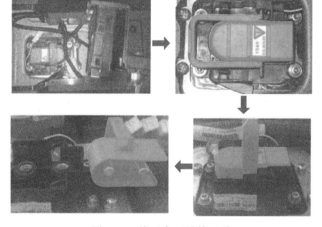

图 3-19　拔下高压维修开关

2）拆卸动力蓄电池包的外部连接，拆卸动力蓄电池接线柱时注意锁紧装置的拆卸与安装（图 3-20）。拆卸任何高压配线后，立刻用绝缘胶带将外露金属绝缘。

3）采用举升机举升车辆，将液压车安放于动力电池下方，如图 3-21 所示。

4）拆卸动力蓄电池包各紧固螺钉，拆卸动力电池包。

2. 动力蓄电池包安装

按照拆卸相反的顺序安装新动力蓄电池包。

装配时注意：维修开关、正负极、采样线对准车身口，且不能与车身干涉。电池盖与托盘和车身密封有效。装配结束后，目测与车身结合处要紧密。

⚫温馨提示 特斯拉电动汽车动力蓄电池智能更换视频参见教学资源 3.4。

图 3-20　拆卸动力电池接线柱

图 3-21　放置液压车

吉利电动汽车动力蓄电池智能换电站视频参见教学资源 3.5。

3. 报废蓄电池处理

报废电池含有锂离子、镍、铅等金属和电解液，随地废弃会导致环境污染和材料资源浪费，应予以回收处理。应严格按照五部委（国家发展改革委 工业和信息化部 环境保护部 商务部 质检总局）2016 年 5 月联合发布的《电动汽车动力蓄电池回收利用技术政策（2015 年版）办法》实施。

废旧动力蓄电池储存应有专门的场所，储存场所应符合法律法规要求及当地消防、环保、安全部门的有关规定，并设有警示标志，且应设在易燃、易爆等危险品仓库及高压输电线路防护区域以外。储存应避免高温、潮湿，保证通风良好，正负极触头应采取绝缘防护。

废旧动力蓄电池运输应遵守国家有关电池包装运输法规和标准要求，采用恰当的包装方式。

废旧动力蓄电池应送交相关环保处理企业处理，先梯级利用（将废旧动力蓄电池应用到其他领域的过程，可以一级利用，也可以多级利用），后再生利用（对废旧动力蓄电池进行拆解、破碎和冶炼等处理，以回收其中有价元素为目的的资源化利用过程），提高资源利用率。

任务总结

1）动力蓄电池的作用是储存和释放电能，是 BEV 行驶时的唯一驱动能源。

2）动力蓄电池的主要性能指标有电压、容量、能量、功率、效率、循环寿命、荷电保持和安全防护等。

3）电动汽车目前常用的动力蓄电池有铅酸蓄电池、镍镉蓄电池、镍氢蓄电池和锂离子蓄电池等。尤其是锂离子蓄电池具有工作电压高、比能量大、循环寿命长、自放电率低、允许工作温度宽、无记忆性，不存在有毒物质，对环境无污染等优点而被电动汽车广泛应用。

4）动力蓄电池故障可以采用外部直观检查、专用诊断设备和万用表进行检测，尤其是采用专用诊断设备，快捷、准确。

5）动力蓄电池的检测与维修务必按照国家标准和企业要求，严格遵守高压系统维修操作规程，确保安全。

6）报废电池应妥善存放和回收处理。

作 业

完成"学习工作页"3.1~3.9各项作业。

任务4　行驶中动力突然中断的故障诊断与维修

学习目标

1. 掌握动力蓄电池管理系统的基本作用和总体组成
2. 熟悉动力蓄电池管理系统的结构原理
3. 学会动力蓄电池管理系统的常见故障检测与诊断
4. 能够进行电池管理器和漏电传感器的拆装更换
5. 培养良好的职业道德与安全、环保意识

任务接受

客户报修：比亚迪 e6 电动汽车行驶中突然动力中断，组合仪表出现动力系统故障警告灯亮，并显示"请检查动力系统"字样，要求服务站给予维修。

任务接待参见"学习领域1　汽车维修接待、沟通与管理"的任务2和任务4。

任务准备

电动汽车动力系统故障牵涉众多系统，本任务重点讨论动力蓄电池管理系统引起的故障。

4.1　电动汽车动力蓄电池管理系统的信息收集

1. 动力蓄电池管理系统的作用

蓄电池管理系统英文单词是 Battery Management System，简称 BMS，是监视蓄电池的状态

（温度、电压、荷电状态等），可以为蓄电池提供通信、安全、电芯均衡及管理控制，并提供与应用设备接口的系统。根据QC/T 897—2011标准要求，蓄电池管理系统具有以下功能：

（1）监测 实时采集监测和显示电源系统的状态参数，包括总电压、总电流、单体蓄电池的电压与温度、漏电信号等。

（2）计算 根据检测的数据，计算荷电状态SOC、健康状态（SOH，State Of Health）、放电及充电功率限制、电池寿命、车辆剩余续航里程等。

荷电状态SOC（Stage-Of-Charge）是指当前蓄电池中按照规定放电条件可以释放的能量占可用容量的百分比。

（3）通信 蓄电池管理系统内部和外部都需要通过可靠的通信方式发送数据信息，使车辆协调运行。

（4）保护 保护涵盖故障诊断和处理两方面的内容，包括过电压、欠电压、过电流、低温、高温、漏电、短路等，及时报警和安全保护。

锂离子蓄电池的过电压、欠电压往往是过充和过放引起的，应严格防止。因为锂离子蓄电池放电时，不允许锂离子完全移到负极，以保证下次充电时锂离子畅通嵌入通道，否则锂离子蓄电池寿命就会急剧缩短，所以不能过放电，应严格控制放电的终止电压；充电时，也不允许过充，因为过充会导致正极板中的锂离子拿走太多，造成晶格坍塌，使电池寿命缩短。

（5）优化 主要是电池组的各单体蓄电池电压和温度的平衡，否则将导致蓄电池的"木桶效应"（图4-1），即某一节蓄电池短板，将导致所有蓄电池按照短板蓄电池性能计算，大大降低了蓄电池组的性能和寿命。

（6）其他 其他如高压互锁、电池预充控制等。

图4-1 木桶效应

2. 动力蓄电池管理系统的组成架构

（1）动力蓄电池管理系统的基本组成 动力蓄电池管理系统包括硬件和软件两部分。

硬件一般由主控模块、高压模块和分布测量模块组成，各模块间采用CAN总线通信，如图4-2所示。

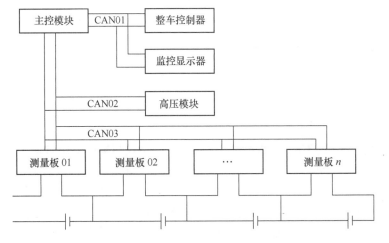

图4-2 动力蓄电池管理系统的基本组成

分布测量模块采用专用芯片进行电压采集、温度采集和均衡管理，采用 CAN 收发器模块来和主控模块通信，每个分布测量模块可进行多路信号采集、均衡控制和温度监测。

高压模块负责总电压、总电流采集与绝缘电阻计算，及给主控模块上传数据。

主控模块包括系统电源、输入检测、继电器控制和通信接口等电路，有三路 CAN 接口，分别与整车控制器（EVC）、监控显示器、高压模块控制和分布测量模块板进行 CAN 通信，并为高压模块控制板和分布测量模块提供 12VDC 电源。主控模块通过内部 CAN 获取高压模块的总电压、总电流、绝缘电阻数据和分布测量模块的单体蓄电池电压与温度数据，根据获得的数据计算 SOC，单体蓄电池欠电压与过电压报警（可切断充放电回路），电池组欠电压与过电压报警（可切断充放电回路），温度过高与过低报警（可切断充放电回路），SOC 过高与过低报警（可切断充放电回路），绝缘电阻过高与过低报警（可切断充放电回路），电流过高与过低报警（可切断充放电回路）；通过 I/O 口检测输入信息（比如钥匙状态）进行输出控制；通过整车 CAN 总线给整车控制器或组合仪表发送电池组工作状态参数；通过充电 CAN 总线控制充电机充电（设置充电电流与电压），通过内部 CAN 向远程监控模块发送监控数据。

软件分别对主控模块和测量模块的各功能单元编写软件程序，而后连接起来构成整个系统程序。主控模块主程序流程如图 4-3 所示，通电后对系统进行自检和初始化，而后进入总电压和电流测试、SOC 估算、数据储存和发送等功能的主循环。测量模块主程序流程如图 4-4 所示，通电后对系统进行自检和初始化，而后进入单体蓄电池电压和节点温度采集、均衡控制、数据储存和发送主循环。

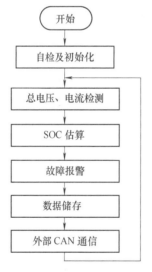

图 4-3 主控模块主程序流程

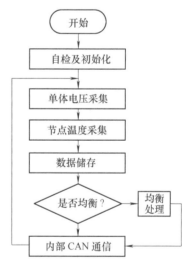

图 4-4 测量模块主程序流程

根据系统布置形式的不同，蓄电池管理系统有分布式与集中式两种。集中式是通过蓄电池管理系统中心处理模块对电池组的电流等状态信息进行收集处理和调控，其处理能力有限，对有大量单体蓄电池的蓄电池管理系统，操作压力大，运行效率低。目前大部分采用分布式，即结构分散布置，多个分布子系统并联，模块间利用 CAN 总线互相连接，保证了对动力蓄电池电压、电流和温度的同步测量精度。

（2）比亚迪 e6 电动汽车的蓄电池管理系统 比亚迪 e6 电动汽车的蓄电池管理系统架构

如图 4-5 所示，主要包括电池管理器、信号（电压、电流、温度）采集系统、高压配电箱（各种接触器、熔丝等）、漏电传感器、车载充电系统、充放电控制系统、车载网络（CAN）等，在汽车上的分布如图 4-6 所示。

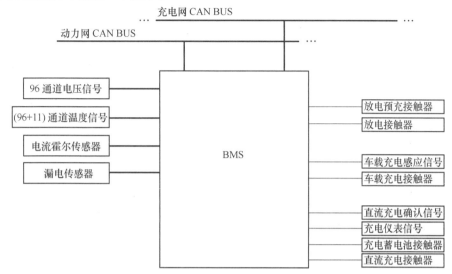

图 4-5　比亚迪 e6 电动汽车的蓄电池管理系统架构

电池管理器（图 4-7）通过支架固定在汽车后部，通过电压采样线和温度采样线（每个单体蓄电池都有一根电压采样线和一根温度采样线，比亚迪 e6 电动汽车有 96 个单体，就各有 96 根电压和温度采样子线）采集各单体蓄电池的电压和温度信息，通过插接件端口引入电源，通过通信端口与车辆 ECU 交换数据。

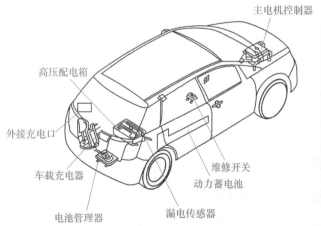

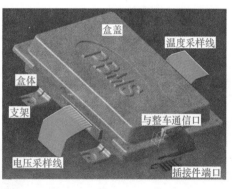

图 4-6　比亚迪 e6 电动汽车蓄电池管理系统在车上的布置　　　图 4-7　比亚迪 e6 电动汽车的电池管理器

高压配电箱是整车高压的配电装置，实现动力蓄电池大电流的接通、断开和分配，相当于一个大型的电闸，主要由多个接触器（继电器）组成，其外部和内部结构如图 4-8 所示。

ℹ️温馨提示　比亚迪 e6 电动汽车高压配电箱的结构视频参见教学资源 4.1。

图 4-8 比亚迪 e6 电动汽车的高压配电箱
a）外部结构 b）内部结构

漏电传感器（图4-9）用于检测动力蓄电池组与车身的漏电电流，把检测结果传递给蓄电池管理系统。

图 4-9 比亚迪 e6 电动汽车的漏电传感器

车载充电系统包含交流和直流两部分，交流充电用于家庭充电和交流充电桩，通过车载充电器将家用 220V 交流转为 330V 直流高压给动力蓄电池充电；直流充电通过充电站的充电柜将直流高压直接充电给动力蓄电池。

车载充电系统主要由车载充电器、直流充电口、交流充电口、电池管理器、高压配电箱和动力蓄电池组成（图4-10）。

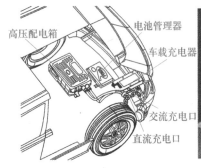

a) b)

图 4-10 比亚迪 e6 电动汽车的充电系统
a）车载充电器系统 b）车载充电器

比亚迪 e6 电动汽车蓄电池管理系统电路如图 4-11 所示。

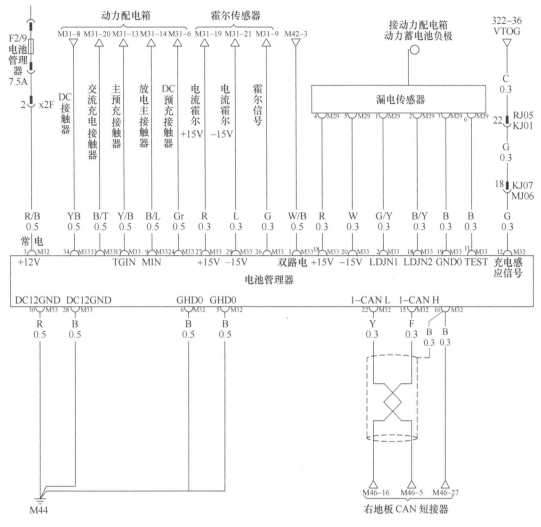

图 4-11　比亚迪 e6 电动汽车蓄电池管理系统电路

3. 动力蓄电池管理系统的工作原理

（1）数据采集基本原理　数据采集包括单体蓄电池的电压、电流、温度和电池组的总电压、总电流，它是所有控制、保护和显示的基础。

1）单体蓄电池的电压采集。目前普遍采用 ASIC（Application Specific Integrated Circuit 专用集成电路）来完成，检测电路如图 4-12 所示。

2）电池包总电压检测。单体蓄电池的电压采样有一定的时间差异性，无法与电池传感器数据实现精确对齐，必须通过采集电池包总电压进行 SOC 计算。在诊断继电器时，又需要电池包内外电压一起比较，所有测量电池包电压至少有两路 U_0 和 U_1（图 4-13）。

3）单体蓄电池的温度采集。由于电池存在内阻，工作时温度是会升高的，在 -10 ~ 10℃ 和 40℃ 高温附近，对电池性能影响较大。温度检测普遍采用热敏电阻温度传感器进行，采集电路如图 4-14 所示。

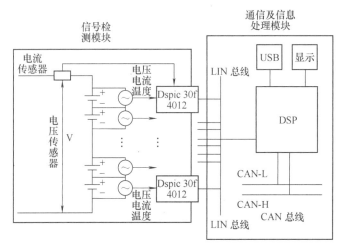

图 4-12 数据采集专用集成电路

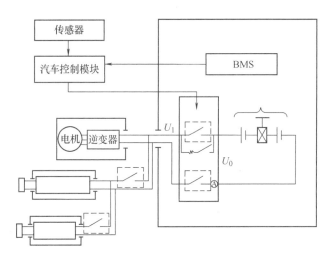

图 4-13 电池包总电压检测电路

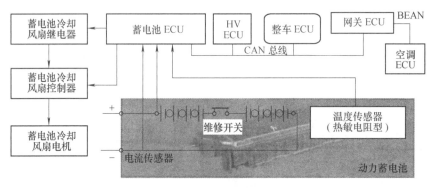

图 4-14 单体电池温度检测电路

4）电池包流体温度采集。用于检测电池包出入口温度，采集电路与单体蓄电池类似。一旦发现温度过高，电池 ECU 就会通过冷却风扇控制器，控制冷却风扇电机运转散热。

5）电流检测。因为电池包内的单体蓄电池是串联起来给整车供电，所以电流串联一般只需要一个。测量工具主要有智能分流器或霍尔电流传感器。

智能分流器（图 4-15）实际上是一个阻值很小的电阻，当直流电流通过电阻时，在电阻两端产生电压降，用来检测总电流的大小。

图 4-15　电流智能分流器

霍尔电流传感器根据霍尔效应原理（图 4-16a）制造，即当电流垂直于外磁场通过导体时，载流子发生偏转，垂直于电流和磁场的方向会产生一附加电场，从而在导体的两端产生电势差，电势 V_H 的大小与电流和磁感应强度成正比，即

$$V_H = KIB\sin\alpha$$

式中　K——霍尔系数，取决于材质、温度和尺寸；

　　　I——电流；

　　　B——磁感应强度；

　　　α——电流和磁场方向的夹角。

由于这种电流测量采用非接触式，所以被电动汽车的电流检测普遍采用（图 4-16b）。

（2）荷电状态（SOC）估算原理　电池 SOC 大小与电池容量衰减、自放电、电池一致性、放电时的电流和温度等众多因素有关。可根据前面检测的电池组各种状态参数进行估算。其估算方法较多，有安时积分法、放电试验法、断路电压法、卡尔曼滤波法、神经网络法、内阻法、模糊控制法和混合运用法，各种方法

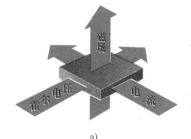

a)　　　　　　　　b)

图 4-16　霍尔效应及其霍尔电流传感器
a）霍尔效应　b）霍尔电流传感器

都有特定的优缺点（表 4-1），是目前电动汽车研究的一个热点，由于牵涉的计算理论较多，本书不再展开叙述，有兴趣的同学可以检索相关资料。

表 4-1　动力蓄电池 SOC 估算方法比较

序　号	SOC 计算方法	优　点	缺　点
1	放电试验法	准确、可靠	需中断，时间长
2	安时积分法	计算较为简单	相对误差较大
3	断路电压法	在数值上接近电池电动势	需要长时间静置
4	线性模型法	模型简单	不够准确
5	内阻法	与 SOC 关系密切	测量困难
6	卡尔曼滤波法	适合非线性模型	需准确的模型算法
7	神经网络法	精度比较高	需大量训练方法和数据

（3）健康状态估算　动力蓄电池的健康状态是指动力蓄电池当前的容量能力，即在一定条件下，动力蓄电池所能充入或放出电量与电池标称容量的百分比。随着电池充放电次数及搁置时间累积，电池内部电极材料相变、电解液的分解、活性物质的溶解、固体电解质界面膜（SEI）的形成、正极界面阻抗的增长，都会导致电池容量能力降低。

根据采集的动力蓄电池的电压、电流、内阻和电量等众多参数，通过建模和程序计算，可以得到健康状态估算值。健康状态建模方法目前有电化学模型、电路模型及经验模型等，也是目前的研究热点，有兴趣的同学可以检索相关资料，这里不再展开。

（4）电池组管理优化原理　电池组管理优化原理主要是电池组的各单体蓄电池的电流和温度的均衡控制，从而把电池组控制在最佳效率和最佳寿命区工作（图4-17）。

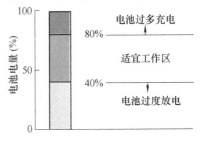

电池组的均衡控制分为充电均衡、放电均衡和动态均衡三种。充电均衡是在充电过程中、后期，单体电压达到或超过截止电压时，均衡电路开始工作，减小单体电流，以限制单体电压不高于充电截止电压；放电均衡是在电池组输出功率时，通过补充电能限制单体电压不低于预设的放电终止电压；与充电均衡和放电均衡不同，动态均衡不论在充电状态、放电状态，还是浮置状态，都可以通过能量转换的方法实现组中单体电压的平衡，实时保持相近的荷电程度，尽管单体之间初始容量有差异，工作中却能保证相对的充放电强度和深度的一致性，渐进达到共同的寿命终点。

图4-17　电池适宜工作区

以均衡过程中电路对能量的消耗情况分，又可分为能量耗散型和能量非耗散型两大类。能量耗散型通过给电池组中每个单体蓄电池并联一个电阻来进行放电分流，从而实现均衡，是一种最简单、最实用的电池均衡方法，但造成了能量的损耗和散热问题。

能量耗散型一般有以下两种类型：

1）恒定分流电阻均衡电路。即每个单体蓄电池始终都并联一个分流电阻，其电路如图4-18所示。

2）带开关控制的分流电阻均衡电路。如图4-19所示。通过选用一定阻值的电阻对选定的电压最高的动力蓄电池单体进行放电，直至与电压最低的动力蓄电池单体相匹配。

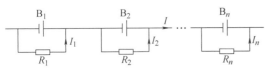

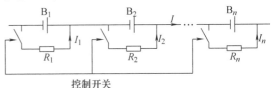

图4-18　恒定分流电阻均衡电路　　　　　图4-19　带开关控制的分流电阻均衡电路

能量非耗散型电路采用电容、电感作为储能元件。利用常见的电源变换电路作为拓扑基础，采取分散或集中的结构，实现单向或双向的充电方案，它具有均衡效率高、均衡电流大等特点，但结构复杂，成本较高。由于结构原理复杂，不再展开介绍。

（5）预充控制原理　因为电动汽车的电机控制器和空调控制器等都含有电容，如果没有预充电控制电路，动力蓄电池的主正、主负继电器直接与电容 C 闭合，电池组电压300V

以上，而电容两端电压为 0，相当于瞬间短路，会导致主正、主负继电器容易损坏。

　　预充电控制电路如图 4-20 所示，R_S 取 100Ω。当供电时，电池管理系统首先控制主负继电器和预充继电器，主正继电器断开，接通瞬间，电流经 R_S 流入电容器 C 的电流在预充继电器、主负继电器的容量范围内，回路安全。待电容器 C 充电达到目标要求后，此时电容两端已存较高电压（接近蓄电池电压），继电器两端压差较低，此时结合就没有大电流冲击，电池管理系统控制预充继电器断开，结合主正继电器，高压接入。有些是在控制器内设有缓反冲电阻，基本原理是一样的。

　　（6）动力蓄电池的热管理　热管理的主要功能如下：

　　1）电池温度的准确测量和监控。

　　2）电池组温度过高时的有效散热和通风。

　　3）低温条件下的快速加热，使电池组改善工作条件。

　　4）有害气体的有效排放。

　　5）保证电池组温度场的均匀分布。

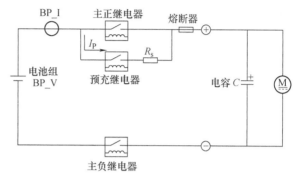

图 4-20　预充电控制电路

电池的热管理分为降温管理和升温管理。

　　1）降温管理。降温方式根据介质的不同有空气冷却、液体冷却和相变材料（如石蜡）三种。

　　空气冷却结构简单，成本低，但换热系数低，散热慢。结构有串联（图 4-21）和并联（图 4-22）两种。串联散热越后面的温度会越高，导致电池组温度不均衡。并联散热则不会。

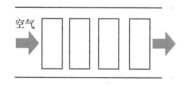

图 4-21　串联式空气散热方式

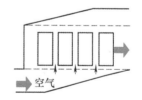

图 4-22　并联式空气散热方式

　　液体冷却比空气冷却有较高的表面传热系数，散热快，但需要设置专门的冷却液循环系统。对于直接接触式的冷却系统，冷却液通常采用矿物油、乙二醇等。

　　相变材料冷却的方法较为昂贵，较少采用。

　　2）升温管理。对于锂离子蓄电池，低温（-10℃）下电池负极石墨的嵌入能力下降，活性差，这时大电流充电很可能出现电池热失控甚至安全事故。因此当蓄电池管理系统监测到蓄电池温度过低时，就会发出控制信息，通知充电机进行小电流充电。同时在低温下蓄电池内阻增加，电池容易发热，当温度达到正常时，热管理系统应该及时通知充电机恢复正常模式充电。锂离子蓄电池热管理流程图如图 4-23 所示。

　　（7）绝缘电阻检测原理　在蓄电池管理系统内，需要对整个电池系统和高压系统进行绝缘检测，以判断漏电情况。比较简单的方法是利用电桥来测量总线正极和负极搭铁的绝缘电阻，检测电路如图 4-24 所示。

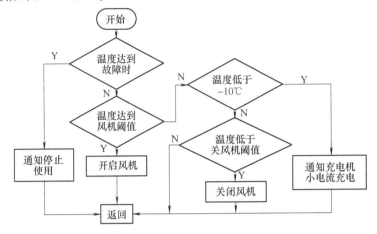

图 4-23 锂离子蓄电池热管理流程图

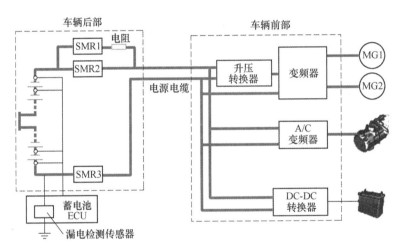

图 4-24 绝缘电阻检测电路

（8）高压互锁电路（HVIL）原理 高压互锁的目的是用来确认高压系统的完整性和安全性，当高压总线通电之前（即主、副继电器闭合之前），高压系统回路断开或完整性被破坏时，高压互锁就会采取安全措施（如断电等）。

高压互锁主要通过插接器的低压连接回路完成，互锁电路如图 4-25 所示。

（9）故障诊断与安全保护原理 一个蓄电池包由上百节单体蓄电池组成，电压高达300V 以上，一旦发现异常应快速诊断并采取相应保护措施，记录、上报故障码和预警，并通过多重保护机制，确保电池系统安全。当电池系统出现严重故障时，高压接触器必须快速切断，以保护电池和整车高压安全。电动汽车将整车故障分为四个等级，见表 4-2。

故障诊断采用了众多传感器（如加速度传感器用于诊断碰撞信号）进行各种信号采集，通过蓄电池管理系统进行信息分析处理，发出警告并进行相应处理。比亚迪 e6 电动汽车的故障诊断及其处理功能见表 4-3。

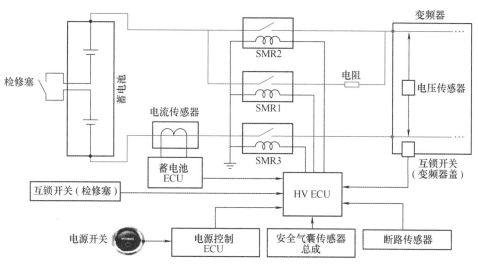

图 4-25　高压互锁电路

表 4-2　电动汽车故障等级划分

等　级	名　称	故障后处理
一级	致命故障	电机零转矩，1s 紧急断开高压，系统故障灯亮
二级	严重故障	二级电机故障，电机零转矩；二级电池故障，系统故障灯亮
三级	一般故障	进入如跛行工况/降功率，系统故障灯亮
四级	轻微故障	四级故障属于维修提示，但整车控制器不对整车进行限制，只仪表显示。四级能量回收故障，仅停止能量回收，行驶不受影响

表 4-3　比亚迪 e6 电动汽车的故障诊断及其处理功能

故　障　状　态	BMS 故障诊断状况	BMS 硬件反应	整车系统反应
模块温度 >65℃	1 级故障：一般高温警告		
模块（单体）电压 >3.85V	1 级故障：一般高压警告		
模块（单体）电压 <2.6V	1 级故障：一般低压警告		
充电电流 >300A	1 级故障：充电过电流警告	无	
放电电源 >450A	1 级故障：放电过电流警告		电池管理系统发出警告后，整车的其他控制器模块可以根据具体故障内容启动相应的故障处理机制（如仪表显示警示标志）
绝缘电阻 <设定值	1 级故障：一般漏电警告		
模块温度 >70℃	2 级故障：严重高温警告	关断直流动力回路	
模块（单体）电压 >4.1V	2 级故障：严重高压警告	关断直流动力回路	
模块（单体）电压 <2.0V	2 级故障：严重低压警告	关断直流动力回路	
绝缘电阻 <设定值	2 级故障：严重漏电警告	不允许放电	

4.2　比亚迪 e6 电动汽车行驶中突然动力中断的故障分析

　　根据比亚迪 e6 电动汽车结构原理，行驶中突然动力中断的故障可能原因如图 4-26

所示。

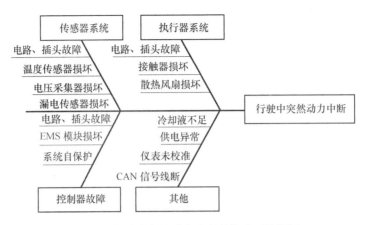

图4-26　行驶中突然动力中断的故障可能原因

4.3　动力蓄电池管理系统维修计划与设备、材料准备

1. 维修计划

1）外部直观检查。

2）采用比亚迪 VDS1000 诊断系统进行故障诊断。

3）采用万用表等一般仪器检测。

4）确定故障原因和零部件。

5）针对存在问题进行拆装维修。

2. 维修设备与材料准备

维修设备与材料见表4-4。

表4-4　维修设备与材料

名　　称	数　　量	名　　称	数　　量
比亚迪 VDS1000 诊断系统	1 台	600V 绝缘手套	1 套
汽车万用表	1 台	手套、抹布等	1 批
常规拆装工具	1 套	动力蓄电池管理系统零部件（传感器、执行器、插头等）	1 批

任务实施

4.4　比亚迪 e6 动力蓄电池管理系统故障检查

1. 外部直观检查

1）检查各传感器插头是否松动，必要时重新拔插，检查外部连线是否损坏，必要时更换。

2）检查电源管理器各端子插头是否松动，必要时重新拔插，检查外部连线是否损坏，必要时更换。

3）检查采集线插头是否松动，必要时重新拔插，检查外部线束是否损坏，必要时

更换。

4）检查风扇插头是否松动，必要时重新拔插，检查外部连线是否损坏，必要时更换。

5）检查冷却液是否不足，必要时添加。

2. 用仪器设备进行故障诊断

（1）检查蓄电池电压　用万用表检查，标准电压值为 11 ~ 14V，如果电压值低于 11V，在进行下一步之前请充电或更换蓄电池。

（2）车上检查 ECU 端子断开动力蓄电池管理器插接器，

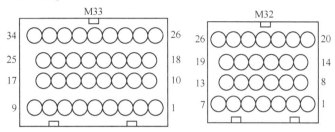

图 4-27　电池管理器检测端子

用万用表测量线束端输入电压；之后接回电池管理器插接器，测量各端子（图 4-27），其正常值见表 4-5。

表 4-5　端子测量正常值

连接端子	端子描述	线色	条件	正常值/V
M32-1 ~ 车身搭铁	12VDC	W/B	电源 ON 档/充电	11 ~ 14
M32-3 ~ 车身搭铁	常电 12VHC	R/B	常电	11 ~ 14
M32-4 ~ 车身搭铁	直流充电感应信号（预留）	P	充电	<1
M32-5 ~ 车身搭铁	车身搭铁	B	始终	<1
M32-6 ~ 车身搭铁	车身搭铁	B	始终	<1
M32-14 ~ 车身搭铁	充电柜 CAN H（预留）	P	电源 ON 档	2.5 ~ 3.5
M32-15 ~ 车身搭铁	整车 CANH	B	电源 ON 档	2.5 ~ 3.5
M32-16 ~ 车身搭铁	整车 CAN 屏蔽搭铁	L	始终	1.5 ~ 2.5
M32-17 ~ 车身搭铁	快充电仪表信号（预留）	W	充电	<1
M32-18 ~ 车身搭铁	交流充电感应信号	G/Y	充电	<1
M32-19 ~ 车身搭铁	维修开关信号（预留）	G	电源 ON 档	<1
M32-20 ~ 车身搭铁	充电柜 CAN L（预留）	G/B	充电	1.5 ~ 2.5
M32-21 ~ 车身搭铁	充电柜 CAN 屏蔽搭铁（预留）	始终	<1V	始终
M32-22 ~ 车身搭铁	整车 CANL	V	电源 ON 档	1.5 ~ 2.5
M33-2 ~ 车身搭铁	一般漏电信号	G/Y	一般漏电	<1
M33-9 ~ 车身搭铁	放电主接触器	B/L	启动	<1
M33-10 ~ 车身搭铁	严重漏电信号	B/Y	严重漏电	<1
M33-11 ~ 车身搭铁	漏电自检信号 TEST	R	启动	<1
M33-17 ~ 车身搭铁	主预充接触器	R	启动	<1
M33-18 ~ 车身搭铁	漏电传感器 +15V 电源	R	启动	≈15
M33-19 ~ 车身搭铁	漏电 GND	B	始终	<1
M33-20 ~ 车身搭铁	漏电传感器 -15V 电源	B	启动	≈ -15
M33-24 ~ 车身搭铁	DC 预充接触器	Y	启动/充电	≈ -15
M33-25 ~ 车身搭铁	直流充电接触器（预留）	R	充电	<1
M33-26 ~ 车身搭铁	电流霍尔信号	G	电流信号	—
M33-27 ~ 车身搭铁	电流霍尔 +15V 电源	R	启动	≈ +15
M33-28 ~ 车身搭铁	接触器 GND	B	始终	<1
M33-29 ~ 车身搭铁	电流霍尔 -15V 电源	L	启动	≈ -15
M33-30 ~ 车身搭铁	接触器 GND	B	始终	<1
M33-33 ~ 车身搭铁	交流充电接触器	G/B	充电	<1
M33-34 ~ 车身搭铁	DC 接触器	Y/B	启动	<1

ℹ温馨提示 比亚迪 e6 电动汽车 M32、M33、M34 插接头的拆装与检测视频参见教学

资源 4.2

（3）用诊断仪读取故障码　采用比亚迪 VDS1000 诊断系统进行故障诊断，仪器设备使用方法见任务 3。

将诊断仪连接 DLC3 诊断口，整车通 ON 档电，进入电池管理器故障码诊断（表 4-6）。如有故障码，则应检查对应的故障码。如无故障码，应全面检查系统。

表 4-6　故 障 码

编号	DTC	描 述	编号	DTC	描 述
1	P1A9000	单节电池电压严重过高	24	P1AA300	电池管理器电源输入过高
2	P1A9100	单节电池电压一般过高	25	P1AA400	电池管理器电源输入过低
3	P1A9200	单节电池电压一般过低	26	P1AA500	大电流拉断接触器
4	P1A9300	单节电池电压严重过低	27	P1AA600	电流霍尔 – 15V 供电异常
5	P1A9400	单节电池温度严重过高	28	P1AA700	电流霍尔 + 15V 供电异常
6	P1A9500	单节电池温度一般过高	29	P1AAA00	电池管理器和漏电传感器通信故障
7	P1A9600	单节电池温度一般过低	30	P1AAB00	接收到电机控制器断开接触器命令
8	P1A9700	单节电池温度严重过低	31	P180000	0 号采集器通信超时
9	P1A9800	电流霍尔采样异常故障	32	P180100	1 号采集器通信超时
10	P1A5300	严重漏电故障	33	P180200	2 号采集器通信超时
11	P1A5400	一般漏电故障	34	P180300	3 号采集器通信超时
12	P1A9900	电池组过电流警告	35	P180400	4 号采集器通信超时
13	U029C00	电池管理器与 VTOC 通信故障	36	P180500	5 号采集器通信超时
14	U029800	电池管理系统与 DC 通信故障	37	P180600	6 号采集器通信超时
15	P1A9A00	电池管理系统初始化错误	38	P180700	7 号采集器通信超时
16	P1A9B00	后碰硬线信号 PWM 异常警告	39	P180800	8 号采集器通信超时
17	P1A9C00	后碰系统故障	40	P180900	9 号采集器通信超时
18	P1A9D00	主控 ECU CAN 碰撞报警	41	P180A00	电压采样故障
19	P1A9E00	前碰 ECU CAN 碰撞报警	42	P180B00	温度采样故障
20	P1A9F00	后碰 ECU CAN 碰撞报警	43	P180C00	BIC 均衡硬件严重失效
21	P1AA000	后碰硬线报警	44	P180D00	BIC 均衡硬件一般失效
22	P1AA100	主预充失败	45	P180E00	电池严重不均衡
23	P1AA200	DC 预充失败			

（4）电池管理模块电源电路检查　电池管理模块电源电路如图 4-28 所示。

1）用万用表检查 F2/9 熔丝，有问题则更换熔丝。

2）检查线束。断开 M33 插接器，电源转到 ON 档，正常值见表 4-7。

如阻值正常，则电源电路正常，否则应检查或更换线束。

（5）霍尔传感器故障检查　霍尔传感器电路如图 4-29 所示。

表 4-7　电源电路检查

端　子	线　色	正常值
M33-5 ~ 车身搭铁	B	<1Ω
M32-3 ~ 车身搭铁	R/B	11 ~ 14V
M33-6 ~ 车身搭铁	B	<1Ω
M33-28 ~ 车身搭铁	B	<1Ω
M33-30 ~ 车身搭铁	B	<1Ω
M33-1 ~ 车身搭铁	W/R	11 ~ 14V

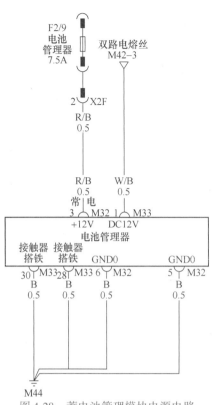

图 4-28　蓄电池管理模块电源电路

1）检查传感器电源（高压配电箱）。断开 M31 插接器（图 4-30），电源转到 OK 档，用万用表检查线束端子值，正常值见表 4-8。

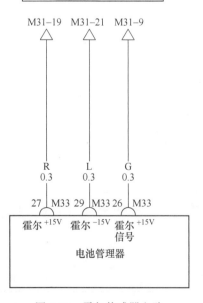

图 4-29　霍尔传感器电路

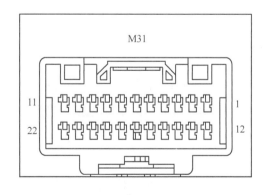

图 4-30　M31 插接器

2）如端子值正常，则更换总电流传感器。

3）如端子值不正常，应进一步检查线束。可断开 M31 及 M33 插接器，检查线束端子间阻值，正常值见表 4-9。

表 4-8 线束端子电压值

端 子	线 色	正常值
M31-19 ~ 车身搭铁	R	≈ + 15 V
M31-21 ~ 车身搭铁	L	≈ − 15 V
M31-9 ~ 车身搭铁	G	0 ~ V

表 4-9 线束端子间电阻值

端 子	线 色	正常值/Ω
M31-19 ~ M33-27	Y/B	< 1
M31-21 ~ 33-29	P	< 1
M31-9 ~ M33-26	Y	< 1

4）阻值正常，则更换电池管理器。否则更换线束（电池管理器—高压配电箱）。

（6）漏电传感器故障检查 漏电传感器电路如图 4-31 所示。

1）检查传感器是否异常。断开 M29 插接器（图 4-32），电源转到 ON 档，用万用表检查线束端子值，正常值见表 4-10。如端子值正常，则应更换漏电传感器。

2）如端子值不正常，则应继续检查线束。断开 M29 及 M33 插接器，检查线束端子间阻值，正常值见表 4-11。如端子值正常，则应更换电池管理器。如端子值不正常，则应更换线束（蓄电池管理器—高压配电箱）。

（7）动力蓄电池管理模块通信故障 动力蓄电池管理模块电路如图 4-33 所示。

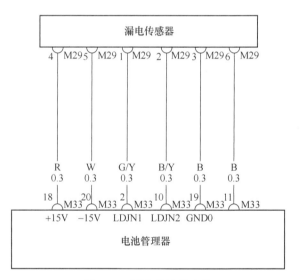

图 4-31 漏电传感器电路

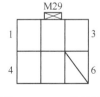

图 4-32 M29 插接器

表 4-10 M29 线束端子电压检测

端 子	线 色	正常值
M29-4 ~ 车身搭铁	R	≈ + 15 V
M29-5 ~ 车身搭铁	W	≈ − 15 V
M29-3 ~ 车身搭铁	B	0 ~ V

表 4-11　线束端子电阻检测

端　子	线　色	正常值
M29-1 ~ M32-2	G/Y	<1Ω
M29-2 ~ M33-10	B/Y	<1Ω
M29-3 ~ M33-19	B	<1Ω
M29-4 ~ M33-18	R	<1Ω
M29-5 ~ M33-20	W	<1Ω
M29-2 ~ M29-1	—	>10kΩ
M29-2 ~ M29-5	—	>10kΩ
M29-2 ~ M29-6	—	>10kΩ

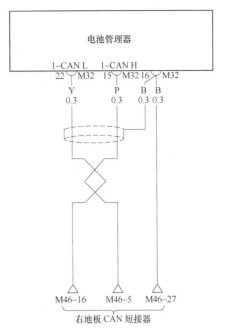

图 4-33　动力蓄电池管理模块电路

1）检查 CAN 线，断开 M32 插接器，用万用表检查线束端子值，正常值见表 4-12。

表 4-12　M32 线束端子电压检测

端　子	线　色	正常值
M32-15 ~ M32-22		≈120Ω
M32-16 ~ 车身搭铁	W/B	0 ~ V

2）如端子值正常，说明 CAN 线正常，否则应更换 CAN 线。

4.5　比亚迪 e6 电动汽车动力蓄电池管理系统维修

根据上述检查结果，采取相应措施进行维修和复查验证。下面对动力蓄电池管理器和漏电传感器的拆装介绍如下：

1. 动力蓄电池管理器拆装（图 4-34）

1）拆卸右侧护板。

2）拆卸动力蓄电池管理器。断开三个插接件，拆卸两个螺母和一个螺栓，取下动力蓄电池管理器。

3）按拆卸相反的步骤安装动力蓄电池管理器。

2. 漏电传感器拆装（图 4-35）

1）拆卸后排座椅总成。

2）拆卸高压配电箱盖板。

3）拆卸高压配电箱。

4）拆卸漏电传感器。断开漏电传感器上两个插接件，拆卸两个螺母，取下漏电传感器。

5）按拆卸相反的步骤安装漏电传感器。

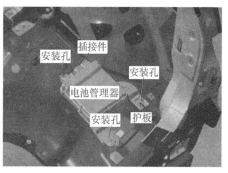

图 4-34 动力蓄电池管理器拆装

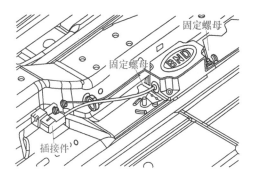

图 4-35 漏电传感器拆装

任务总结

1）蓄电池管理系统（BMS）是监视蓄电池的状态（温度、电压、荷电状态等），可以为蓄电池提供通信、安全、电芯均衡及管理控制，并提供与应用设备接口的系统。其主要功能是实时采集监测和显示电源系统的状态参数（总电压、总电流、单体蓄电池的电压与温度、漏电信号等），根据检测的数据，计算荷电状态 SOC、健康状态值，可靠的通信功能，进行电池的故障诊断、报警和安全保护（过电压、欠电压、过电流、低温、高温、漏电、短路等保护），实施电池的优化管理等。

2）动力蓄电池管理系统主要由硬件和软件两部分组成。硬件一般由主控模块、高压模块和分布测量模块组成。软件分别对主控模块和测量模块的各功能单元编写软件程序，而后连接起来构成整个系统程序。

3）动力蓄电池的电压采集目前普遍采用专用集成电路来完成，电池温度检测普遍采用热敏电阻温度传感器进行，电流检测采用霍尔电流传感器进行，SOC 估算可采用安时积分法等多种方法进行。

4）电池组管理优化原理主要是电池组的各单体蓄电池、电流和温度的均衡控制，从而把电池组控制在最佳效率和最佳寿命区工作；预充控制采用预充继电器有效降低瞬时高电压冲击；动力蓄电池的热管理分为降温管理和升温管理，降温管理根据介质的不同有空气冷却、液体冷却和相变材料三种，升温管理通过小电流充电保护逐步升温进行。

5. 电池组绝缘电阻检测是利用电桥来测量总线正极和负极搭铁的绝缘电阻；高压互锁是在高压总线通电之前，高压系统回路断开或完整性被破坏时采取的安全措施；故障诊断原理与普通电控汽车相似。

6）动力蓄电池管理系统故障外部直观检查主要有各传感器插头及其外部连线、电源管理器各端子插头及其外部连线、各采集线插头及其外部线束、风扇插头及其外部连线是否松动、损坏的检查，还有冷却液的检查。

7）动力蓄电池管理系统故障检查尽量采用专用设备进行科学检测，通过读取故障码和数据流进行判断。结合采用万用表检测各端子的电压、电阻等参数，可以更具体判断故障部位和零部件。

8）根据外部和仪器设备检测结果，采取相应措施进行拆装维修。

作 业

完成"学习工作页"4.1 ~ 4.20 各项作业。

任务 5　电动汽车无法充电的故障诊断与维修

学习目标

1. 掌握电动汽车充电系统的基本作用和总体组成
2. 熟悉电动汽车充电系统的结构原理
3. 学会电动汽车充电系统检修的规程
4. 能够进行电动汽车充电系统常见故障的检修
5. 培养良好的职业道德与安全、环保意识

任务接受

客户报修:比亚迪 e6 前两天连续三次在南方电网提供的直流充电桩上无法进行充电,换了其他车辆能正常使用的充电桩也无法进行充电,怀疑充电系统有故障,请求服务站给予维修。

任务接待参见"学习领域 1　汽车维修接待、沟通与管理"的任务 2 和任务 4。

任务准备

5.1　比亚迪 e6 电动汽车充电系统的信息收集

1. 比亚迪 e6 电动汽车充电系统的基本结构

比亚迪 e6 电动汽车充电系统主要由交流充电口、直流充电口、高压配电箱、动力蓄电池组、电池管理系统和车载充电机等组成（图5-1），它们主要集中在汽车尾部行李箱下。

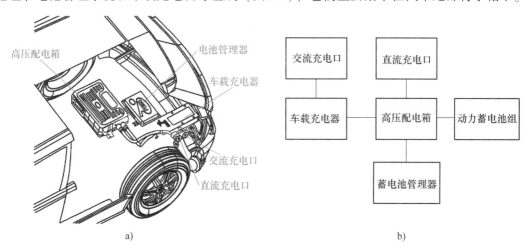

图 5-1　比亚迪 e6 电动汽车充电系统的组成

a）在车上布置　b）组成框图

对于比亚迪 e6 电动出租汽车的充电系统组成略有不同，因为其充电方式为交流充电，主要通过交流充电桩接入交流充电口，通过双向逆变充放电式电机控制器（VTOG），将三相380V 交流电转为与电池电压相匹配的直流高压电给动力蓄电池充电。充电系统主要由交流充电口、动力蓄电池组、双向逆变充放电式电机控制器总成、蓄电池管理器和高压配电箱等组成（图5-2）。

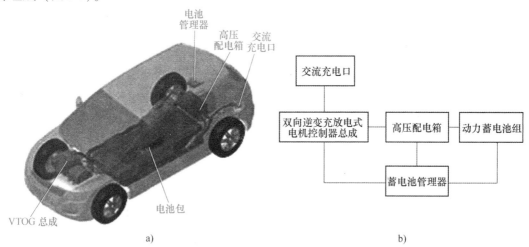

图 5-2　比亚迪 e6 汽车充电系统的组成（出租车）

a）在车上布置　b）组成框图

（1）充电口　一般比亚迪 e6 电动汽车蓄电池充电接口在汽车侧面，有交流充电口和直流充电口两个（图5-3），左侧是直流充电口，通过充电站的充电柜将直流高压直接通过直流充电口给动力蓄电池充电；右侧是交流充电口，通过家用插头或交流充电桩接入交流电，通过车载充电机将家用220V 交流电转为 330V 直流高压给动力蓄电池充电。

充电口端子设计已经标准化。交流充电口包含 7 个端子（图 5-4），直流充电口包含 8 个端子（图 5-5），其中 A + 和 A − 为非车载充电机向电动汽车提供低压电源。出租车的充电口结构略有不同，待维修时说明。

出于安全的考虑，在充电接口连接过程中，端子连接顺序为：保护搭铁、直流电源正与直流电源负、低压辅助电源正、低压辅助电源负、充电通信，在脱开的过程中则顺序相反。电动汽车的车辆控制装置能够通过测量检查点的峰值电压判断充电插头与充电插座是否充分连接。

图 5-3　比亚迪 e6 电动汽车充电口

（2）车载充电机　车载充电机的作用是将家用 220V 交流电转为 330V 直流高压给动力蓄电池充电。其侧面与背面如图 5-6 所示。

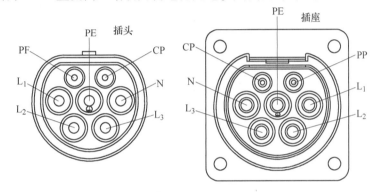

图 5-4　交流充电口插头和插座端子布置图

PE—保护搭铁　PP—控制确认 2　L_1、L_2、L_3—三线交流电　N—中性线　CP—控制确认 1

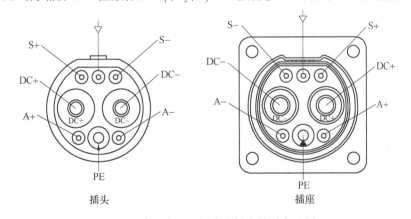

图 5-5　直流充电口插头和插座端子布置图

▽—充电 CAN 屏蔽　S +—充电通信 CAN-H　DC +—直流电源正　A +—低压辅助电源正
PE—保护搭铁端子　A −—低压辅助电源负　DC −—直流电源负　S −—充电通信 CAN-L

（3）双向逆变充放电式电机控制器（VTOG）　比亚迪 e6 电动出租车采用双向逆变充放电式电机控制器，将三相 380V 交流电转为与电池电压相匹配的直流高压电给动力蓄电池充电。其结构原理放在任务 7 电机控制系统中介绍。

2. 比亚迪 e6 电动汽车动力蓄电池充电系统的基本工作原理

当通过直流充电口对电池包进行充电时，高压输出可以达到 400V，直接利用其电压差对电池包进行充电；当通过交流充电口对电池包进行充电时，则需通过车载充电机将 220V 进行变压后再对蓄电池包进行充电，家用充电电流一般为 8A，充电桩充电电流一般为 14A，如图 5-7 所示。

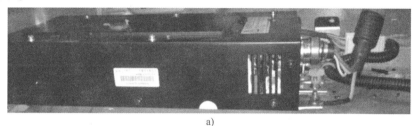

a)

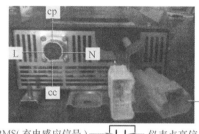

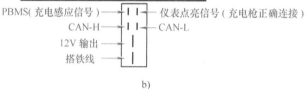

b)

图 5-6　车载充电机

a）侧面图　b）背面图

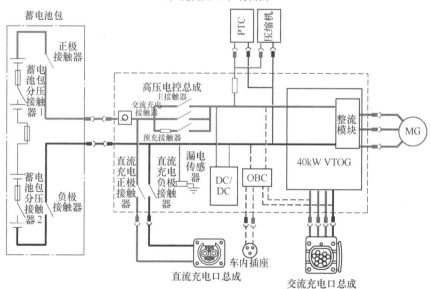

图 5-7　比亚迪 e6 电动汽车充电系统的工作原理图

5.2　比亚迪 e6 电动汽车无法充电的故障分析

根据比亚迪 e6 电动汽车结构原理，故障可能原因如图 5-8 所示。

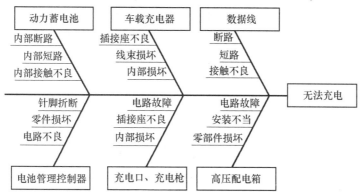

图 5-8　故障可能原因

5.3　无法充电故障的维修计划与设备、材料准备

1. 维修计划

1）外部直观检查。

2）采用万用表等一般仪器检测。

3）采用比亚迪 VDS1000 诊断系统进行故障诊断。

4）确定故障原因和零部件。

5）针对存在问题进行拆装维修。

6）确认故障现象不再出现。

2. 维修设备、材料准备

比亚迪 e6 电动汽车不充电的维修设备与材料见表 5-1。

表 5-1　比亚迪 e6 电动汽车不充电的维修设备与材料

名　称	数　量	名　称	数　量
比亚迪 VDS1000 诊断系统	1 台	600V 绝缘手套	1 套
汽车万用表	1 台	手套、抹布等	1 批
常规拆装工具	1 套	电工胶布等	2 卷
充电桩	1 套	工作台	1 台

任务实施

5.4　比亚迪 e6 电动汽车无法充电的故障检查

1. 外部直观检查

直观检查动力蓄电池组充电系统外部是否损坏、漏液，各高压导线是否损坏，插头是否脱落、松动等现象，并予以排除。

2. 用仪器设备进行故障诊断

（1）检查蓄电池电压 用万用表检查，标准电压值为 11 ~ 14V，如果电压值低于 11V，在进行下一步之前请充电或更换蓄电池。

（2）确认充电盒是否故障 如果有则排查充电盒故障。如果没有，进一步全面分析与诊断车辆故障。下面以 e6 电动出租汽车为例，说明故障诊断过程，其电路原理图如图 5-9 所示，高压配电箱低压插接件引脚诊断定义见任务 4。

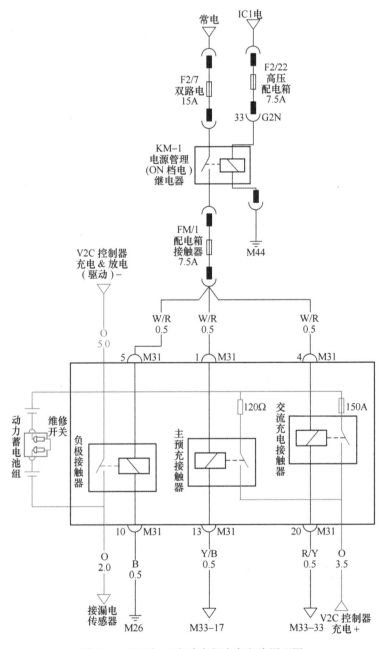

图 5-9　比亚迪 e6 电动出租汽车电路原理图

（3）M31 端子检查　用万用表检测，各引脚正常值见表 5-2。如端子值不正常，则应更换线束。如端子值正常，则应进一步检查。

表 5-2　M31 引脚正常值

连接端子	端子描述	条　件	正常值/V
1 ~ 车身搭铁	ON 档电源	充电或电源 ON 档	11 ~ 14
2 ~ 车身搭铁	ON 档电源	充电或电源 ONS 档	11 ~ 14
3 ~ 车身搭铁	ON 档电源	电源 ON 档	11 ~ 14
4 ~ 车身搭铁	双路电	充电或电源 ON 档	11 ~ 14
5 ~ 车身搭铁	双路电	充电或电源 ON 档	11 ~ 14
6 ~ 车身搭铁	DC 预充控制	DC 预充时	< 1
8 ~ 车身搭铁	DC 接触器控制	充电或电源 ON 档	< 1
9 ~ 车身搭铁	电流霍尔信号	电流信号	—
10 ~ 车身搭铁	车身搭铁	始终	< 1
12 ~ 车身搭铁	仪表常电	ON 档	11 ~ 14
13 ~ 车身搭铁	预充接触器控制	启动	< 1
14 ~ 车身搭铁	正极接触器控制	电源 OK 档	< 1
15 ~ 车身搭铁	PTC 接触器控制	打开空调	< 1
16 ~ 车身搭铁	烧结监测正	电源 OFF 档	11 ~ 14
17 ~ 车身搭铁	烧结监测负	电源 OFF 档	< 1
19 ~ 车身搭铁	+15V 电源	充电或电源 ON 档	≈ +15
20 ~ 车身搭铁	交流充电接触器控制	交流充电	< 1
21 ~ 车身搭铁	−15V 电源	充电或电源 ON 档	≈ −15

（4）故障码检测　用比亚迪 VDS1000 诊断系统（设备结构原理及其使用方法见任务 3）检测 VTOG 故障码，见表 5-3。

表 5-3　VTOG 故障码表

序号	故障码	故　障　定　义	序号	故障码	故　障　定　义
1	P1B0000	驱动 IPM（智能功率模块）故障	12	P1B0B00	EEPROM（只读存储器）失效故障
2	P1B0100	旋变故障	13	P1B3000	电机过温-模拟量
3	P1B0200	驱动欠电压保护故障	14	P1B3100	IGBT（绝缘栅双极型晶体管）过热
4	P1B0300	主接触器异常故障	15	P1B3200	GTOV（交直流变换器）电感温度过高
5	P1B0400	驱动过电压保护故障	16	P1B3300	GTOV 三相电压瞬时过高
6	P1B0500	IPM 散热器过温故障	17	P1B3400	GTOV 三相电压过高
7	P1B0600	档位故障	18	P1B3500	GTOV 三相电压过低
8	P1B0700	加速踏板异常故障	19	P1B3600	GTOV 捕获异常
9	P1B0800	电机过温故障	20	P1B3700	GTOV 三相电断相
10	P1B0900	电机过电流故障	21	P1B3800	GTOV 三相电压相序错误
11	P1B0A00	电机断相故障	22	P1B3900	GTOV 交流电压霍尔异常

（续）

序号	故障码	故 障 定 义	序号	故障码	故 障 定 义
23	P1B3A00	GTOV 交流电流霍尔异常	37	P1B4800	GTOV 直流电流斜率保护
24	P1B3B00	GTOV 交流过电流	38	P1B4900	GTOV 直流电流霍尔异常
25	P1B3C00	GTOV 交流电流采样异常	39	P1B4A00	GTOV 直流电流瞬时过高
26	P1B3D00	GTOV 交流电流斜率异常	40	P1B4B00	GTOV-IPM 保护
27	P1B3E00	GTOV 交流电压斜率异常	41	P1B4C00	GTOV 可恢复故障连续触发
28	P1B3F00	GTOV 母线电压瞬时过高	42	P1B4D00	GTOV 可恢复故障恢复超时
29	P1B4000	GTOV 母线电压过高	43	P1B4E00	电网交流漏电
30	P1B4100	GTOV 母线电压过低	44	U025F00	与 P 位电机控制器通信故障
31	P1B4200	GTOV 母线电压斜率异常	45	U029E00	与主控通信故障
32	P1B4300	GTOV 母线电压霍尔异常	46	U011100	与电池管理器通信故障
33	P1B4400	GTOV 电池电压过高	47	U025E00	与 ACM 通信故障
34	P1B4500	GTOV 电池电压过低	48	U029D00	与 ESP 通信故障
35	P1B4600	GTOV 电池电压斜率异常	49	U012100	与 ABS 通信故障
36	P1B4700	GTOV 直流电流过电流保护			

（5）充电口总成高低压线束检查　根据故障表，可进一步检查充电口总成高低压线束，方法如下：

1）电源置为 OFF 档。拔开维修开关。

2）用万用表测量充电口（图 5-10）及高低压线束（VTOG 外接高压线布局如图 5-11 所示，VTOG 低压插接件插孔编号如图 5-12 所示）导通情况，正常值见表 5-4。如果异常，进一步检查是否插好插接件，或者相关线束是否损坏。如果正常，进入下一步。

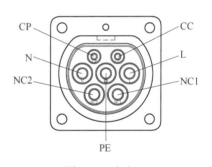

图 5-10　充电口

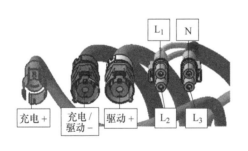

图 5-11　VTOG 外接高压线布局

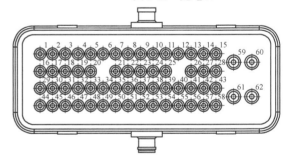

图 5-12　VTOG 低压插接件插孔编号

表 5-4　充电口及其线束检测

端子（左为充电口）	条　件	正常值	可能故障部件
CC ~ 车身搭铁	OFF	≈5V	线束、VTOG
PE ~ 车身搭铁	OFF	<1Ω	线束

（续）

端子（左为充电口）	条 件	正常值	可能故障部件
N ~ N（VTOG 高压）	OFF	<1Ω	线束
L ~ L1（VTOG 高压）	OFF	<1Ω	线束
L ~ L2（VTOG 高压）	OFF	<1Ω	线束
L ~ L3（VTOG 高压）	OFF	<1Ω	线束
CC ~ 52（VTOG 低压）	OFF	<1Ω	线束
CP ~ 23（VTOG 低压）	OFF	<1Ω	线束

（6）读取 VTOG 数据流

1）按正常充电的流程，插上充电枪，刷卡充电。连接充电枪，准备充电。

2）用诊断仪读表 5-5 数据流。

表 5-5　读取 VTOG 数据流

	模块	数据流	值	否/可能故障	符 号
A	VTOG		有数据流更新	BCM/线束（电源、CAN 线）	B
B	VTOG	充、放电系统工作状态	充电准备就绪		C
			充电开始		C
			充电结束		已充满
			充电暂停		充电盒/三相线故障
			充电停止		故障
			默认驱动状态		CC 信号/VTOG 故障
C	电池管理器	充电接触器状态	吸合	充电感应信号/BMS	D
D	电池管理器	漏电报警/电压过高报警/温度过高报警	正常	电池包/采集器/电池管理器	E
E	VTOG	充电母线电压	与电池管理器电压差值不超过 20V（200 ~ 400V）	配电箱、高压线束、电池管理器	F
F	VTOG	交流 A 相电压	220 ×（1 ± 20%）V	VTOG 采样故障/电网/高压线束	G
		交流 B 相电压	220 ×（1 ± 20%）V		
		交流 C 相电压	220 ×（1 ± 20%）V		
G	VTOG	充、放电系统故障状态	正常	根据数据流查相关部件	下一步

（7）检查其他低压信号

1）按正常充电的流程，插上充电枪。

2）用万用表测量 VTOG 低压信号情况（VTOG 低压插接件插孔编号如图 5-12 所示），其正常值见表 5-6。

如果发现异常，请检查相关线束；如果正常，则应更换 VTOG 总成。

表 5-6　VTOG 低压信号情况

端子（左为充电口）	条　　件	正常值	异常可能故障部件	可能故障现象
36～车身搭铁	连接充电枪	低电平	线束、VTOG	管理无预充
37～车身搭铁	连接充电枪	低电平	线束、VTOG	仪表不显示充电状态
51～车身搭铁	连接充电枪	低电平	线束、VTOG、BCM	无双路电、无法进入充电

5.5　比亚迪 e6 电动汽车车载充电系统维修

拆卸维修前需先使起动开关处于 OFF 档，拔掉紧急维修开关，并且使蓄电池断电。

1. 高压配电箱拆装更换

1）拆卸后座椅。

2）拆卸配电箱车身盖板，断开所有高低压插接件。

3）拆卸配电箱支架四个螺栓（图 5-13），取出高压配电箱。

4）按规范对高压配电箱进行检测，视情进行修复或更换。

5）按照拆卸相反的次序安装高压配电箱。

2. VTOG 检修流程

1）打开前舱盖。

2）拆卸五个固定螺栓（图 5-14），断开高低压插接件。

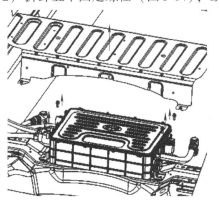

图 5-13　高压配电箱的拆装

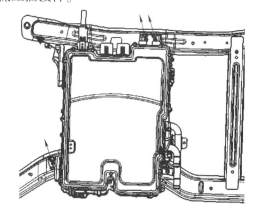

图 5-14　VTOG 的拆装

3）断开搭铁线束。

4）断开水管及其固定支架。

5）断开电机三相线，取出 VTOG。

6）按规范对 VTOG 进行检测，视情进行修复或更换。

7）按照拆卸相反的次序安装 VTOG 控制器。

ⓘ温馨提示 电动汽车充电系统的结构与检修视频参见教学资源 5.1。

任务总结

1）电动汽车充电系统主要由充电口、动力蓄电池包、电池管理系统和车载充电机等组成。

2）电动汽车充电口有交流和直流两种。充电口设计已经标准化，交流充电口包含 7 个端子，直流充电口包含 8 个端子。

3）当直流充电口对电池包进行充电时，直接利用其电压差对电池包进行充电；当通过交流充电口对电池包进行充电时，则需通过车载充电机将 220V 进行变压后再对电池包进行充电。

4）充电系统故障检查采用外观检查、专用设备读取故障码和数据流，结合万用表检测各端子的电压、电阻等参数来判断故障部位和零部件。

5）充电系统维修主要有高压配电箱和 VTOG 控制器拆装检修。

作 业

完成"学习工作页"5.1～5.7 作业。

模块 3
电动汽车驱动电机及其控制系统的故障诊断与维修

任务 6　驱动电机过热的故障诊断与维修

 学习目标

1. 掌握电动汽车驱动电机的基本作用与主要性能指标
2. 理解驱动电机的分类与基本结构原理
3. 熟悉比亚迪 e6 电动汽车驱动电机的具体结构原理
4. 学会电动汽车驱动电机的常见故障检测与诊断
5. 能够进行电动汽车驱动电机的拆装维修

6. 培养良好的职业道德与安全、环保意识

客户报修：比亚迪 e6 电动汽车行驶中组合仪表出现"电机及控制器温度高"字样，要求服务站给予维修。

任务接待参见"学习领域 1　汽车维修接待、沟通与管理"的任务 2 和任务 4。

6.1　电动汽车驱动电机的信息收集

1. 电动汽车驱动电机的基本作用与主要性能指标

（1）驱动电机的基本作用　驱动电机是为车辆行驶提供驱动力的电动机，是电动汽车的动力装置。

（2）驱动电机的主要性能指标　驱动电机的主要性能指标有电机类型、额定功率、额定转速、额定电压、额定电流、额定转矩、额定效率、机械特性、效率、尺寸参数、质量参数、可靠性和成本等。

1）额定功率。在额定条件下的输出功率。

2）持续功率。规定的最大、长期工作的功率。

3）峰值功率。在规定的持续时间内，电机允许的最大输出功率。

4）额定电压。是指电机额定运行时，外加于定子绕组上的线电压，单位为 V。一般规定电机的工作电压不应高于或低于额定值的 5%。当工作电压高于额定值时，电机容易发热；当工作电压低于额定值时，引起输出转矩减小，转速下降，电流增加，也使绕组过热。

5）额定电流。是指电机在额定电压和额定输出功率时，定子绕组的线电流，单位为 A。

6）额定频率。我国电力网的频率为 50Hz，因此除外销产品外，国内用电机的额定频率为 50Hz。

7）额定转速。额定功率下电机的最低转速，单位为 r/min。电动汽车所采用的感应电机的转速一般为 8000～12000r/min。

8）额定转矩。电机在额定功率和额定转速下的输出转矩。

9）峰值转矩。电机在规定的持续时间内允许输出的最大转矩。

10）额定效率。是指电机在额定情况下运行时的效率，额定输出功率与额定输入电功率的百分比。电机在其他工况运行的最大效率为峰值效率，整体效率越高越好。电动汽车还要求在车辆减速和制动时，实现能量回收，再生制动回收的能量一般可达到总能量的 10%～15%。

11）额定功率因数。对于交流电机，定子相电流比相电压滞后一个角，其 cos 值就是异步电机的功率因数。三相异步电机的功率因数较低，在额定负载时约为 0.7～0.9 范围内，

而在轻载和空载时更低，空载时只有 0.2 ~ 0.3。因此，必须正确选择电机的容量，防止"大马拉小车"，并力求缩短空载的时间。

12）绝缘等级。它是按电机绕组所用的绝缘材料在使用时允许的极限温度来分级的。所谓极限温度，是指电机绝缘结构中最热点的最高允许温度，其技术数据见表6-1。

表 6-1 电机绝缘等级

绝缘等级	A	E	B	F	H
极限温度/℃	105	120	130	155	180

13）功率密度。单位质量电机输出的功率，单位是 kW/kg，功率密度越大越好。

14）过载能力。电机的实际使用载荷（功率、转矩、电流等）超过电机的额定值的现象称为电机过载。电动汽车电机应具有较大的起动转矩和较大的调速性能，可以使汽车有良好的起动性能和加速性能，以获得所需的起动、加速、行驶、减速和制动等的功率与转矩。

15）其他指标。除了上面所述的这些以外，电机还要求可靠性好，耐温和耐潮性能强，运行时噪声低，振动小，能够在较恶劣的环境下长时期工作，结构简单，适合大批量生产，使用维修方便，价格便宜等。

2. 电机的基本原理与分类

（1）电机的基本原理　电机的基本原理都是以电磁感应原理为基础。以单匝电枢线圈的直流电机为例（图6-1a），将通电线圈置于磁场中，直流电通过电刷和换向器铜片引入。当电流 I_s 从 A 电刷经 a-b-c-d 到 B 电刷时（图6-1b），根据左手定则判定，匝边 ab 和 cd 受到的磁场力 F 方向如图6-1b 所示，这个电磁力将形成力矩，使线圈逆时针转动；当线圈转到换向片 A 与负电刷接触，换向片 B 与正电刷接触时，如图6-1c 所示，电流方向改变为 d-c-b-a，同时匝边 ab 和 cd 的位置也改变，电磁转矩的方向保持不变，使线圈继续逆时针旋转。

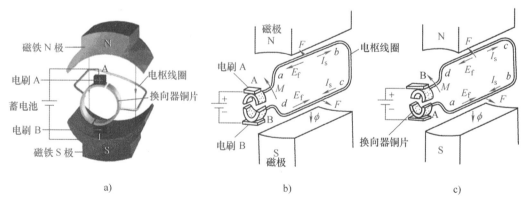

图 6-1　直流电机的工作原理

a）电机原理　b）电流从 A→B　c）电流从 B→A

直流电机的电磁转矩 M 可用下式表示：

$$M = K_t \Phi I_a$$

式中　K_t——电机结构常数，$K_t = PN/(2\pi\alpha)$；

P——磁极对数；

N——电枢导线总根数；

α——电枢绕组的并联支路对数；

Φ——磁极磁通；

I_a——电枢电流。

由上分析可知，直流电机能通过增加磁极对数、增多电枢导线总根数和并联支路对数、增大电枢和磁场电流来增大电磁转矩。实际的直流电机电枢都用多匝并联绕成，电枢电流和磁场电流也很大，使起动机有足够转矩驱动汽车行驶。

（2）驱动电机的分类　电动汽车所采用的驱动电机种类繁多（图6-2），目前主要有感应式交流电动机、永磁电动机、直流电动机和开关磁阻电动机等，它们的主要性能见表6-2。

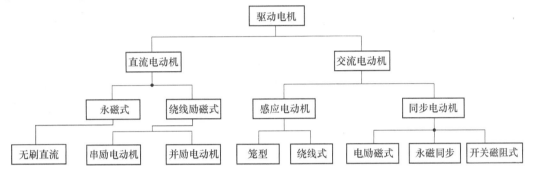

图 6-2　驱动电机的种类

表 6-2　不同驱动电机的基本性能比较

项　　目	直流电动机	感应式电动机	永磁式电动机	开关磁阻式电动机
功率密度	低	中	高	较高
过载能力（%）	200	300 ~ 500	300	300 ~ 500
峰值的效率（%）	85 ~ 89	94 ~ 95	95 ~ 97	90
负荷效率（%）	80 ~ 87	90 ~ 92	97 ~ 85	78 ~ 86
功率因数（%）	—	82 ~ 85	90 ~ 93	60 ~ 65
恒功率区	—	1:5	1:2.25	1:3
转速范围/（r/min）	4000 ~ 6000	12 000 ~ 20 000	4000 ~ 100 000	> 15 000
可靠性	一般	好	优良	好
结构的坚固性	大	好	一般	优良
电动机外形尺寸	重	中	小	小
电动机质量	最好	中	轻	轻
控制操作性能	低	好	好	好
控制器成本	直流电动机	高	高	一般

3. 电动汽车常见驱动电机的结构原理

（1）直流电动机的结构原理　直流电动机主要有有刷直流电动机和无刷直流电动机两种。早期新能源汽车通常采用有刷直流电动机，该电动机的优点是控制简单、技术成熟、系统简单、成本低廉。目前仍有少量新能源汽车使用有刷直流电动机。但是该电动机在车辆上使用存在明显的缺点：功率密度低、效率低，由于电刷和机械换向器的存在导致电动机的可靠性低。此外，机械换向器能力限制了有刷直流电动机的容量、电压和转速。鉴于以上缺陷，新研制的新能源汽车已基本上不再考虑有刷直流电动机，普遍采用永磁无刷直流电动机。

永磁无刷直流电动机（图6-3）是一种用电子电路取代电刷和机械换向器的直流电动机，它运行可靠、寿命长、维修简便，具有更高的能量密度和更高的效率。

a)   b)   c)

图 6-3 永磁无刷直流电动机的结构

a）总体组成 b）定子 c）转子

1）永磁无刷直流电动机的结构。永磁无刷直流电动机主要由电机本体、位置传感器和电子开关电路三部分组成，如图6-4所示。

电机本体由定子和转子组成。

定子采用叠片结构并在槽内铺设绕组的方式，绕组一般制成多相（三相、四相、五相不等），多做成三相对称星形接法，同三相异步电动机十分相似。

电机的转子上粘有已充磁的永久磁钢，按一定极对数组成。目前采用的永磁材料主要有钕铁硼、铁氧体和铝镍钴等。永磁材料的特性通常与温度有关，一般永磁体随温度的增加而失去剩磁，如果永磁体的温度超过居里温度，则其磁性为零。磁钢在受到剧烈振动之后，有可能引起其内部磁畴发生变化，磁畴的磁矩方向发生变化后，就会造成磁钢退磁甚至失磁。所以使用中应该注意防止热退磁和振动退磁。

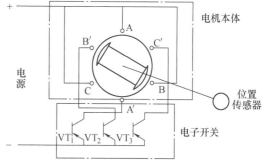

图 6-4 三相两极无刷直流电动机的结构组成

位置传感器用于检测电机转子的位置，将转子磁钢的位置信号转换成电信号，为开关电路提供正确的换相信息。常见的有电磁式、光电式位和磁敏位置传感器，其原理如同现代汽车电控原理的各种相应传感器原理。

电子开关电路由功率电子器件和集成电路等构成，其功能是：接收电机的起动、停止和制动信号，以控制电机的起动、停止和制动；接收位置传感器的信号和正反转信号，用来控制逆变桥各功率管的通断，产生连续转矩；接收速度指令和速度反馈信号，用来控制和调整转速；提供保护和显示等。

三相定子绕组分别与电子开关电路中相应的功率开关器件连接，A、B、C 相绕组分别与功率开关管 VT$_1$、VT$_2$、VT$_3$ 相接。位置传感器的跟踪转子，与电机转轴相连接。

2）永磁无刷直流电动机的工作原理。当定子绕组的某一相通电时，该电流与转子永久磁钢的磁极所产生的磁场相互作用而产生转矩，驱动转子旋转，再由位置传感器将转子磁钢位置变换成电信号，去控制电子开关电路（图 6-5），从而使定子各绕组按一定次序导通，定子相电流随转子位置的变化而按一定的次序换相。由于电子开关电路的导通次序是与转子转角同步的，因而起到了机械换向器的换向作用。

随着位置传感器的转动，定子绕组在位置传感器的控制下，便一相一相地依次供电，实现了各相绕组电流的换相。图 6-6 所示为各相绕组的导通顺序的示意图。

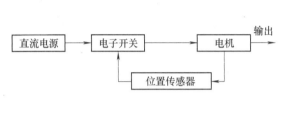

图 6-5　永磁无刷直流电动机的工作原理框图

图 6-6　各相绕组的导通顺序的示意图

3）永磁无刷直流电动机的控制。电机控制器是无刷直流电机正常运行并实现各种调速伺服功能的指挥中心，它主要完成以下功能：对各种输入信号进行逻辑综合，为驱动电路提供各种控制信号，产生 PWM（脉宽调制）信号，实现电机的换相、调速、正反转、限流、短路、过电流和欠电压等故障保护功能。采用微机控制，控制原理如图 6-7 所示。

4）直流电动机的转速控制。普遍采用直流斩波器（将输入的直流电压以一定的频率通断，从而改变输出的平均电压的变换器）控制，其体积小、重量轻、效率高、可控制性好，而且根据所选的加速度，能平稳加速到理想的速度。图 6-8 所示为用于直流电机速度控制的一象限直流斩波器。

四象限运行是指用 X 轴表示电机转速，Y 轴表示电流，第一象限就是电动状态。四象限是指正向电动、正向发电、反向电动和反向发电。

一象限直流斩波控制的工作原理是电流经蓄电池正极输出，经绝缘栅双极型晶体管（IGBT，Insulated Gate Bipolar Tran-

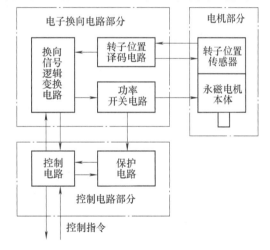

图 6-7　永磁无刷直流电动机的控制示意图

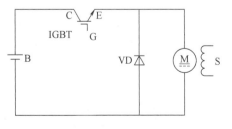

图 6-8　用于直流电机速度
控制的一象限直流斩波器

sistor）的集电极 C 和发射极 E，再经电刷进入电机 M 的转子，电机的定子 S，可以是线圈也可能是永磁体。当驾驶人踏下加速踏板时，实际上就是电路在控制 IGBT 的门极 G 的 PWM 波占空比加大，汽车松加速踏板减速时，若定子 S 为永磁，则电机转为发电机发电，但发出的电流无法经 IGBT 将电流充入蓄电池。VD 是在 IGBT 关闭时给转子提供的放电回路。要想在第二象限工作，则可在 IGBT 的 GE 间反加一个大功率二极管，这时电机再生制动的能量就可以返回蓄电池了。

5）IGBT 结构原理与使用。

①IGBT 结构。IGBT 是 MOSFET（金属-氧化物半导体场效应晶体管）与 GTR（大功率晶体管）的复合器件。它既有 MOSFET 易驱动的特点，又具有 GTR 电压、电流容量大等优点。其频率特性介于 MOSFET 与 GTR 之间，可正常工作于几十千赫兹频率范围内，故在较高频率的大、中功率应用中占据了主导地位。

GTR 由 N^+、P、N^-、N^+ 四层半导体组成，无 SiO_2 绝缘层；MOSFET 由 N^+、P、N^-、N^+ 四层半导体组成，但有 SiO_2 绝缘层；IGBT 由 N^+、P、N^-、N^+、P^+ 五层半导体组成，有 SiO_2 绝缘层；图中黑色箭头代表正电子，白色箭头代表负电子，仅有电子流动的为单极性管，有正负电子流动的为双极性管，如图 6-9 所示。

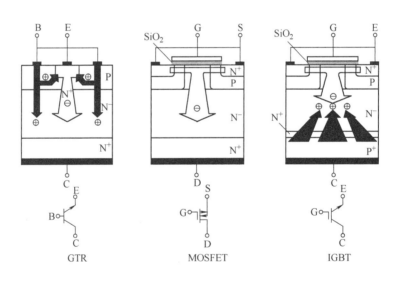

图 6-9　GTR、MOSFET、IGBT 电子元件结构比较

②IGBT 工作原理。如图 6-9 所示。GTR 是集电极 C、基极 B、发射极 E 三个电极，当 B、E 间通过一个小电流，则在 C、E 间有大电流流过，是放大电流的器件。

MOSFET 是漏极 D、栅极 G、源极 S 三个极，当 G、S 间施加一个电压，则在 D、S 间有大电流流过，是电压放大电流的器件。

IGBT 是集电极 C、极栅 G、发射极 E 三个极，当 G、E 间施加一个电压，则在 C、E 间有大电流流过，是电压放大电流的器件。

IGBT 通过栅极驱动电压来控制的开关晶体管，工作原理同 MOSFET 相似，区别在于 IGBT 是电导调制来降低通态损耗。GTR 电力晶体管饱和压降低，载流密度大，但驱动电流也较大。MOSFET 驱动功率很小，开关速度快，但导通压降大，载流密度小。IGBT 综合了两

种器件的优点，驱动功率小而饱和压降低。图 6-10 所示为两单元 IGBT 模块。

③IGBT 使用注意事项。由于 IGBT 模块为 MOSFET 结构，IGBT 的栅极通过一层氧化膜与发射极实现电隔离。由于此氧化膜很薄，其击穿电压一般仅能承受到 20~30V，所以因静电而导致栅极击穿是 IGBT 失效的常见原因之一。因此，使用中要注意以下几点：

a. 在使用模块时，尽量不要用手触摸驱动端子部分，当必须触摸模块端子时，要先将人体或衣服上的静电用大电阻搭铁进行放电后再触摸；在用导电材料连接模块驱动端子时，在配线未接好之前请先不要接上模块，在良好搭铁的情况下操作。在应用中有时虽然保证了栅极驱动电压没有超过栅极最大额定电压，但栅极连线的寄生电感和栅极与集电极间的电容耦合，也会产生使氧化层损坏的振荡电压。为此，通常采用双绞线来

图 6-10 两单元 IGBT 模块

传送驱动信号，以减少寄生电感。在栅极连线中串联小电阻也可以抑制振荡电压。

b. 在栅极、发射极间断路时，若在集电极与发射极间加上电压，则随着集电极电位的变化，由于集电极有漏电流流过，栅极电位升高，集电极则有电流流过。这时，如果集电极与发射极间存在高电压，则有可能使 IGBT 发热乃至损坏。

c. 在使用 IGBT 的场合，当栅极回路不正常或栅极回路损坏时（栅极处于断路状态），若在主回路上加上电压，则 IGBT 就会损坏，为防止此类故障，应在栅极与发射极之间串接一只 10kΩ 左右的电阻。

d. 在安装或更换 IGBT 模块时，应十分重视 IGBT 模块与散热片的接触面状态和拧紧程度。为了减少接触热阻，最好在散热器与 IGBT 模块间涂抹导热硅脂，安装时应受力均匀，避免用力过度而损坏。

e. 一般散热片底部安装有散热风扇，当散热风扇损坏散热片散热不良时将导致 IGBT 模块发热，从而发生故障。因此对散热风扇应定期进行检查，一般在散热片上靠近 IGBT 模块的地方安装有温度感应器，当温度过高时报警或停止 IGBT 模块工作。

（2）三相感应式交流电动机的结构原理 交流电动机与直流电动机相比，由于结构简单，制造方便，比较牢固，容易做成高转速、高电压、大电流和大容量的电机。

感应电动机有两种类型，绕线式转子电动机和笼型电动机。由于绕线式感应电动机成本高、需要维护、缺乏坚固性，因而没有笼型电动机应用广泛，特别是在电动汽车的电力驱动中。笼型感应电动机驱动除了具有无换向器电机驱动的共同优点外，还具有结构简单、坚固耐用、运行可靠、价格低廉和维护方便等优点，被众多 EV 所采用。

1）三相感应式交流电动机的构造。用于电力驱动的感应电机在结构原理上与工业中用的感应电机基本相同，主要由定子（固定部分）、转子（旋转部分）和一些附属部分组成，如图 6-11 所示。然而，这种电机需要专门设计，转子铁心和定子铁心由薄硅钢片叠加而成，以减少铁损，转子绕线鼠笼采用铜条，以减少线圈损失，定子铁心采用 C 级绝缘，可直接用低黏度的油来冷却。采用铸铝机座来减小电机总质量。尽管电机的电压等级受电动汽车动力蓄电池的数量、质量和类型的限制，但仍需合理地采用高电压和低电流的电机设计，以减少功率逆变器的成本和体积。

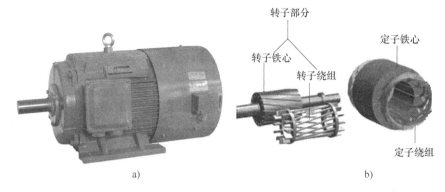

图 6-11　三相感应式交流电动机的构造

a）电动机外观　b）电动机分解图

2）三相感应式交流电动机的基本工作原理。基本原理依然是电磁感应原理，所不同的是采用三相定子绕组，引入三相电，产生旋转磁场，与转子产生的磁场相互作用，推动转子转动。

图 6-12 表示最简单的三相定子绕组 AX、BY、CZ，它们在空间按互差 120°对称排列，并接成星形与三相电源 A、B、C 相连。则三相定子绕组便通过三相对称电流：随着电流在定子绕组中通过，在三相定子绕组中就会产生旋转磁场（图6-13）。

$$i_A = I_m \sin\omega t$$

$$i_B = I_m \sin(\omega t - 120°)$$

$$i_C = I_m \sin(\omega t + 120°)$$

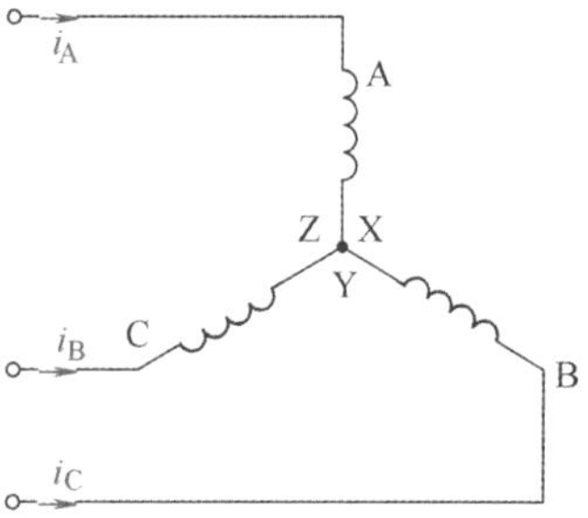

图 6-12　三相感应式交流
电动机定子接线

当 $\omega t = 0°$ 时，$i_A = 0$，AX 绕组中无电流；i_B 为负，BY 绕组中的电流从 Y 流入 B 流出；i_C 为正，CZ 绕组中的电流从 C 流入 Z 流出；由右手螺旋定则可得合成磁场的方向，如图 6-13a 所示。

当 $\omega t = 120°$ 时，$i_B = 0$，BY 绕组中无电流；i_A 为正，AX 绕组中的电流从 A 流入 X 流出；i_C 为负，CZ 绕组中的电流从 Z 流入 C 流出；由右手螺旋定则可得合成磁场的方向，如图 6-13b 所示。

当 $\omega t = 240°$ 时，$i_C = 0$，CZ 绕组中无电流；i_A 为负，AX 绕组中的电流从 X 流入 A 流出；i_B 为正，BY 绕组中的电流从 B 流入 Y 流出；由右手螺旋定则可得合成磁场的方向，如图 6-13c 所示。

可见，当定子绕组中的电流变化一个周期时，合成磁场也按电流的相序方向在空间旋转一周。随着定子绕组中的三相电流不断地做周期性变化，产生的合成磁场也不断地旋转，因此称为旋转磁场。

旋转磁场的方向是由三相绕组中电流相序决定的，若想改变旋转磁场的方向，只要改变通入定子绕组的电流相序即可。交流感应电机调速则采用变频器进行变频调速。

3）三相异步电动机的机械特性。电动机的转矩 T 与转差率 s 之间的关系曲线 $T = f(s)$ 或转速与转矩的关系曲线 $n = f(T)$ 称为电动机的机械特性，以曲线形式表示即为特性曲线，图

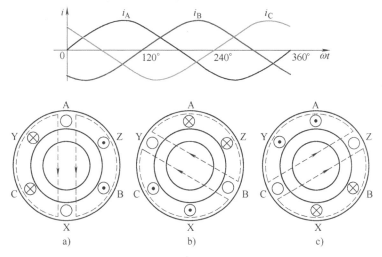

图 6-13　旋转磁场的形成

a) $\omega t = 0°$　b) $\omega t = 120°$　c) $\omega t = 240°$

6-14 所示为三相感应电动机的机械特性曲线。

　　图 6-14 的 T_N 称为额定转矩，它是异步电动机带额定负载时，转轴上的输出转矩。T_{max} 称为最大转矩，又称为临界转矩，是电机可能产生的最大电磁转矩。它反映了电机的过载能力。最大转矩 T_{max} 与额定转矩 T_N 之比称为电机的过载系数 λ，即

$$\lambda = T_{max} / T_N$$

　　一般三相异步的过载系数在 1.8 ~ 2.2 范围内，过载系数越大，电动机克服超载能力越强。

　　图 6-14 的 T_q 称为起动转矩，为电动机起动初始瞬间的转矩，一般的三相异步电动机起动转矩是额定转矩的 1 ~ 2.2 倍。

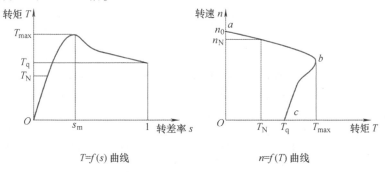

图 6-14　三相感应电动机的机械特性曲线

　　当电动机在工作时，它所产生的电磁转矩的大小能够在一定的范围内自动调整，以适应负载的变化，这种特性称为自适应负载能力。

　　在机械特性图中，存在两个工作区：稳定运行区和不稳定运行区。在机械特性曲线的 ab 段，当作用在电机轴上的负载转矩发生变化时，电机能适应负载的变化而自动调节达到稳定运行，故为稳定区。机械特性曲线的 bc 段，因电机工作在该区段时其电磁转矩不能自

动适应负载转矩的变化，故为不稳定区。

4）三相感应电动机的控制系统。在 EV 上，采用动力蓄电池组和发电机作为电源，三相异步感应电动机不能直接使用直流电源，另外，三相异步感应电动机具有非线性输出特性。因此，在采用三相异步感应电动机时，需要应用逆变器中的功率半导体交换器件，将直流电变换为频率和幅值都可以调节的交流电，来实现对感应式电机的控制。

感应电动机驱动分为单电机型和多电机型。单电机驱动的结构，由三相笼型感应电动机、三相电压型 PWM 逆变器、电子控制器、减速器和差速器组成。多电机系统由多个电机、多个逆变器、集中或分布式控制器和可变速比的变速器组成。

三相感应电动机是专门设计的，并与驱动桥集成为一体；三相 PWM 逆变器具有再生制动的功能，并有轻微的谐波失真；电子控制器能完成电机的各种驱动控制；采用固定速比的减速器提供爬坡时的低速大转矩。

电压型三相 PWM 逆变器电路原理如图 6-15 所示，逆变电路中的开关器件由六只全控型器件 IGBT 组成逆变桥，另外还有三个开关元件，控制比较复杂。

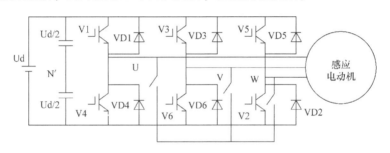

图 6-15　电压型三相 PWM 逆变器电路原理

（3）永磁交流电动机　与永磁无刷直流电动机相比，都是由定子、永磁转子和位置传感器等组成的，但是定子绕组绕制方式不同，控制方式不同，就产生不同的特性。永磁交流同步电动机的工作磁场是均匀旋转磁场，因此转矩脉动量很小，运行噪声也很小，由于电流可以做得很接近正弦波，内部励磁磁场也可以做得接近正弦波，加之绕组设计配合，可以形成较为理想的同步调速系统。与永磁无刷直流电动机的比较见表 6-3。

表 6-3　永磁交流电动机与永磁无刷直流电动机的比较

比较内容	永磁无刷直流电动机	永磁交流电动机
定子	定子三相采用集中、整矩绕组	定子三相采用分布、正弦绕组
转子	永磁体采用表面瓦片式结构，厚度均匀	永磁体主要有两大类；一类是表面永磁结构；另一种为内置永磁体结构，这两种结构均可确保波形接近正弦
转子位置传感器	仅需提供六个（通常为三个）离散的转子位置反馈信息即可	需要提供连续的转子位置反馈信息
产生波型	方波	正弦波
产生的电磁转矩	存在一定的转矩脉动	电磁转矩基本上恒定
功率密度	大，是永磁同步电机的 1.15 倍	小

（4）开关磁阻电动机

1）概述。开关磁阻电动机（SRD，Switched Reluctance Eletrical Machine）是继变频调速

系统、无刷直流电机调速系统之后发展起来的最新一代无级调速电机（图 6-16），是集现代微电子技术、数字技术、电力电子技术、红外光电技术及现代电磁理论、设计和制作技术为一体的光、机、电一体化高新技术。它兼具直流、交流两类调速系统的优点。产品功率等级从 10W ~ 5MW，最大速度高达 100 000r/min，广泛应用于家用电器、航空、航天、电子、机械及电动汽车等领域。

a)　　　　　　　　　　　　b)　　　　　　　　　　　　c)

图 6-16　开关磁阻电动机

a）电动机外观　b）定子　c）转子

开关磁阻电动机明显的特点是：所有电动机中开关磁阻电动机结构最简单，在转子上没有集电环、绕组和永磁体等，只是在定子上有简单的集中绕组，因而可靠性高，维修方便；该电机的另一特点是调速范围宽、控制灵活、易于实现各种特殊要求的转矩-速度特性，且在很广的范围内保持高效率，因而更适合新能源汽车的动力性要求。该电机的缺点是控制复杂且可控性差，功率密度也不够理想，噪声大。

2）开关磁阻电动机的结构。一般开关磁阻驱动电机由开关磁阻电动机、功率变换器、传感器和控制器四部分组成，其中开关磁阻电动机起关键作用，它能将电能转变成机械能。

开关磁阻电动机的定子和转子是采用凸极结构，定子和转子都是由硅钢片叠片组成的，开关磁阻电动机的定子和转子极数不同，有多种组合方式，最常见的为三相 6/4 结构（图 6-17a）和四相 8/6 结构（图 6-17b）。三相开关磁阻电动机的定子上有 6 个凸极，转子上有 4 个凸极。四相开关磁阻电动机的定子上有 8 个凸极，转子上有 6 个凸极。在定子相对称的两凸极上集中绕组互相串联，构成一相，但在转子上没有任何绕组。

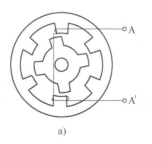 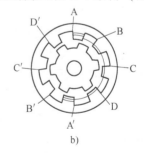

a)　　　　　　　　　　　　b)

图 6-17　开关磁阻电动机的结构

a）三相 6/4 结构　b）四相 8/6 结构

3）开关磁阻电动机的工作原理。三相开关磁阻电动机的工作原理如图 6-18 所示。当 A 相线圈接通电源产生磁通，依据"磁阻最小原理"，磁力线从最近的转子齿极通过转子铁心（图 6-18a），磁力线可看成极有弹力的线，在磁力的牵引下转子开始逆时针转动，经过 10°、20°（图 6-18b），磁力一直牵引转子转到 30°（图 6-18c）为止，到了

30°转子不再转动，此时磁路最短。

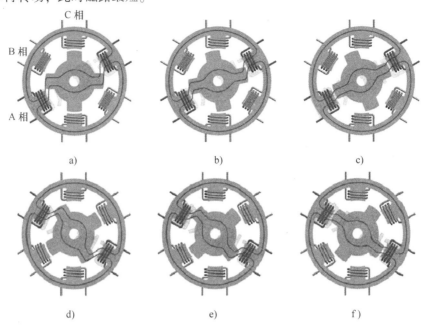

图 6-18　三相开关磁阻电动机的工作原理

a) 0°角　b) 10°角　c) 20°角　d) 30°角　e) 40°角　f) 50°角

为了使转子继续转动，在转子转到 30°前已切断 A 相电源，在 30°时接通 B 相电源，磁通从最近的转子齿极通过转子铁心（图 6-18d），于是转子继续转动，经过 40°、50°转到 60°为止。

在转子转到 60°前切断 B 相电源，在 60°时接通 C 相电源，磁通从最近的转子齿极通过转子铁心，转子又继续转动，一直牵引转子转到 90°为止。

之后又重复前面过程，接通 A 相电源，转子继续转动，这样不停地重复下去，转子就会不停地旋转，这就是磁阻电机的工作原理。由于是运用了利用磁阻最小原理，故称为磁阻电机；又由于电机磁场并非由正弦波交流电产生，其线圈电流通断、磁通状态直接受开关控制，故称为开关磁阻电动机。

4）开关磁阻电动机调速系统。开关磁阻电动机调速系统主要由四部分组成：开关磁阻电动机、功率变换器、控制器及位置检测器，如图 6-19 所示。

开关磁阻电动机是 SRD 系统中实现能量转换的部件，也是 SRD 系

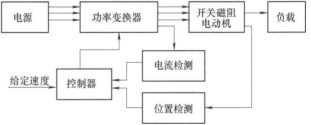

图 6-19　开关磁阻电动机调速系统的组成

统有别于其他电机驱动系统的主要标志。功率变换器向 SRD 电机提供运转所需的能量，由蓄电池和交流电整流后得到的直流电供电。控制器是系统的中枢，它综合处理速度指令、速度反馈信号及电流传感器、位置传感器的反馈信息，控制功率变换器中主开关器件的工作状态，实现对 SRD 电机运行状态的控制。位置传感器是 SRD 不可缺少的一部分，由它提供控

制器转子位置信息，保证在合适的时刻接通或者断开。

4. 驱动电机的动力系统架构

由于 EV 电驱动特性的多样性，EV 有多种动力系统架构，图 6-20 所示为常见的几种动力系统架构。

电机、固定速比的变速器和差速器一起构成了 EV 动力系统，如图 6-20a 所示。该动力系统结构利用电机低速阶段恒转矩和大范围转速变化中所具有的恒功率特性，采用固定速比的减速器替换多速比的减速器，可以取消离合器，减小机械传动装置的体积和质量，简化驱动系统控制，但该系统结构的缺点是无法对变工况下电机工作效率进行优化，同时为满足车辆加速/爬坡和高速工况要求，通常需要选择较大功率的电机。

电机替代了传统内燃机汽车中的内燃机，并与离合器、变速器及差速器一起，构成了类似传统汽车动力驱动系统，如图 6-20b 所示。电机替代内燃机输出驱动动力，通过离合器可以实现电机驱动力与驱动轮的断开或连接，变速器还提供不同的传动比，以变更转速-功率（转矩）曲线匹配载荷的需要，差速器是实现转弯时车辆两侧车轮以不同转速驱动。

电机、固定速比的减速器和差速器进一步集成甚至可组合成单个部件，与车轮相连的半轴直接与该组合相连，驱动系统进一步简化和小型化，在目前的 EV 中是最为常见的一种驱动形式，如图 6-20c 所示。

机械差速器被取消，驱动车辆是靠两个电机通过固定速比减速器驱动各自侧的车轮，在车辆转弯时，靠电子差速器控制电机，以不同的转速运转，从而实现车辆正常转弯，如图 6-20d 所示。

驱动电机和固定速比的行星轮减速器被安装在车轮中，可以进一步简化驱动系统，如图 6-20e 所示。行星轮减速的主要作用是降低电机转速并增大电机的转矩。

完全舍弃了电机和驱动轮之间的机械连接装置，用电机直接驱动车轮，也称为轮毂电机，电机的转速控制等价于轮速控制，如图 6-20f 所示。

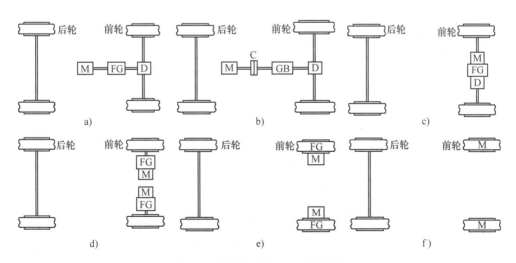

图 6-20　常见的几种动力系统架构

a) 无离合器单档驱动　b) 传统驱动　c) 传动装置与差速器集成固定档驱动　d) 双电动带轴固定档驱动　e) 双电动固定档直接驱动　f) 双轮毂电机驱动

C—离合器　D—差速器　FG—固定速比减速器　GB—变速器　M—电机

轮毂电机有外转子式和内转子式两大类。

外转子式采用低速外转子电机（图 6-21），电机的最高转速在 1000～1500r/min，无减速装置，车轮的速度与电机相同。采用低速外转子速度电机，则可以完全去掉变速装置，外转子就安装在车轮缘上，而且电机转速和车轮转速相等，因而就不需要减速装置。

内转子式（图 6-22）则采用高速内转子电机，配备固定传动比的行星减速器，也称为轮边减速器，为获得较高的功率密度，电机的转速可高达 10 000r/min。所选用的行星轮变速机构的速度比为 10:1，而车轮的转速范围降为 0～1000r/min。随着更为紧凑的行星轮减速器的出现，内转子式轮毂电机在功率密度方面比低速外转子式更具竞争力。

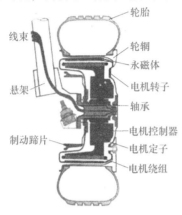

图 6-21　外转子轮毂电机

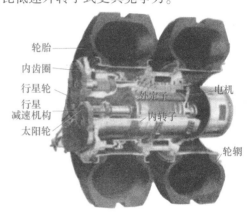

图 6-22　内转子轮毂电机

对于电动汽车，如果采用双电机或四个电机驱动，由于每个电机的转速可以有效地独立调节控制，实现电子差速，在这种情况下，电动汽车可以不用机械差速器。电子差速器比机械差速器体积小，重量轻，在汽车转弯时可以实现精确的电子控制，提高电动汽车的性能。

还有一种特殊的 EV 动力驱动结构——双电机四轮驱动系统，如图 6-23 所示。前轮和后轮都是由电机通过差速器来驱动的，在不同工况下可以使用不同的电机驱动车辆，或是按照一定的转矩分配比例联合使用两个电机共同驱动车辆，从而使得驱动系统效率最大。

5. 比亚迪 e6 电动汽车驱动电机的组成与结构

（1）驱动电机整体结构与参数　比亚迪 e6 电动汽车驱动电机与前驱变速器组装在一起，放置于汽车前部（图 6-24），为交流无刷永磁同步电机，输出转矩为450N·m，额定输出功率为 75kW，最大输出功率为120kW，最大输出转速为 7500r/min。驱动电机整体结构如图 6-25 所示。

图 6-23　双电机四轮驱动系统
D—差速器　FG—固定速比减速器
M—电机　VCU—整车控制单元

（2）驱动电机定子与转子　结构如图 6-26 所示，定子采用叠片结构并在槽内铺设三相正弦绕组的方式。转子上粘有已充磁的永久磁钢，按一定极对数组成。

（3）旋转变压器（简称为旋变）　旋转变压器是一种输出电压随转子转角变化的信号元件。

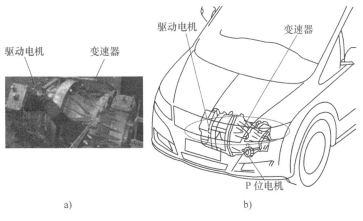

图 6-24　比亚迪 e6 电动汽车驱动电机的位置

a）实物图　b）在车中的位置

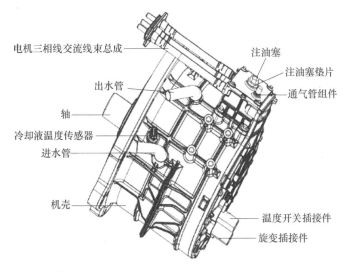

图 6-25　比亚迪 e6 电动汽车驱动电机整体结构

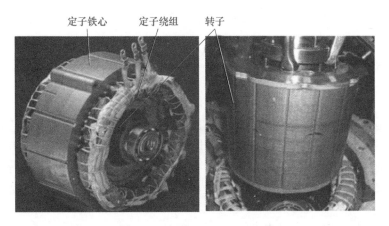

图 6-26　比亚迪 e6 电动汽车驱动电机定子与转子

1）旋变作用用于检测电机转子的位置，将转子磁钢的位置信号转换成电信号，为开关电路提供正确的换相信息。

2）旋变组成由转子总成和定子总成组成（图6-27），安装于电机端部。

图6-27　比亚迪 e6 电动汽车驱动电机旋变总成

3）旋变工作原理。其工作原理与变压器基本相似，区别在于普通变压器的一次、二次绕组是相对固定的，所以输出与输入电压之比是常数。而旋转变压器的一次、二次绕组随转子的角位移发生相对位置的改变，因而其输出电压的大小随转子的角位移发生变化，输出绕组的电压幅值与转子转角成正弦、余弦函数关系，或保持某一定比例关系。

转子的转动位置与输出电压的关系如图6-28所示（图中一次侧为转子绕组，二次侧为定子绕组）。图6-28a为两线圈夹角为0°时，输出电压大小与输入电压大小基本相同，频率也相同。图6-28b为两线圈夹角为90°时，输出电压大小与输入电压相差最大，输出电压为0。图6-28c为两线圈夹角为0～90°范围时，输出电压小于输入电压，但大于0。图6-28d为两线圈夹角为180°时，输出电压与输入电压相同，方向相反。

（4）驱动电机冷却系统　由于驱动电机及其控制器工作中发热，需要及时冷却。比亚迪 e6 电动汽车冷却系统由散热器总成、电子风扇总成、电动水泵总成和冷却水管组成。采用闭式强制水冷循环系统，冷却介质为乙二醇冷却液。冷却循环路线如图6-29所示。

6. 比亚迪 e6 电动汽车驱动电机的工作原理

比亚迪 e6 电动汽车的交流无刷永磁同步电机，通过采集电机旋变信号进行工作，当车辆要行驶时，电机通过旋转变压器检测到电机的位置，位置信号通过控制器的处理，发送相关信号给控制器 IGBT，逻辑信号控制 IGBT 开断，控制器输出近似正弦交流电。

电机定子的三相绕组在正弦绕组下形成圆形的旋转磁场，驱动电机转子转动，在旋转的过程中，旋转变压器作为速度和位置的检测，反馈给控制器进行监测，来准确控制电机的转速和位置。

比亚迪 e6 电动汽车的驱动电机电路如图6-30所示。

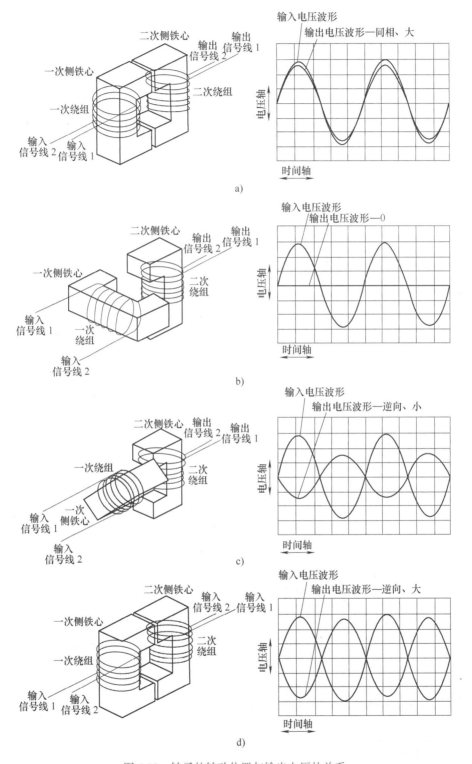

图 6-28　转子的转动位置与输出电压的关系

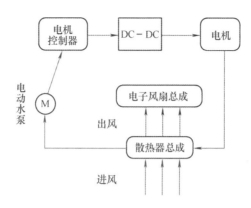

图 6-29　比亚迪 e6 电动汽车
驱动电机冷却循环路线

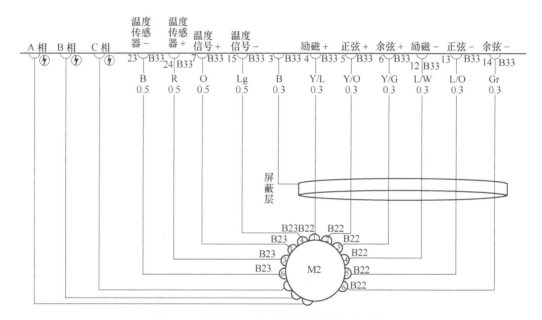

图 6-30　比亚迪 e6 电动汽车的驱动电机电路

ⓘ温馨提示　电动汽车驱动电机的结构与原理视频参见教学资源 6.1 。

6.2　比亚迪 e6 电动汽车驱动电机过热故障的分析

根据比亚迪 e6 电动汽车结构原理，电机过热故障可能原因如图 6-31 所示。图中电机控制器故障留待任务 7 中分析。

驱动电机故障除过热外，常见的故障还有振动过大和起动困难等，其产生原因及处理办法见表 6-4。

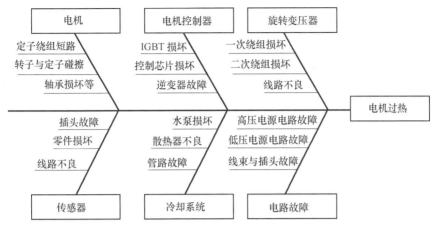

图 6-31　驱动电机过热故障可能原因

表 6-4　驱动电机其他常见故障及维修

故障征象	故 障 原 因	维 修 方 法
驱动电机运行时振动过大	定子三相电压不对称	检查电源供三相电平衡
	铁心装配不平衡	重新拧紧拉紧螺杆或在松动的铁心片中打入楔子固定
	定子绕组并联支路中某支路断裂	检查直流电阻，查出后焊接
	定子与转子气隙不均	调整电机气隙
	电机底座和基础板不坚固	紧固电机固定螺栓
	联轴器松动	拧紧联接螺栓，必要时更换螺栓
	转轴弯曲	进行调直或更新
	转子磁极松动	检查固定键，重新紧固
	负载不平衡	检查出机械负载故障并排除
	机组定中心不好	重新定中心
	转子不平衡	做平衡检查试验
驱动电机起动困难或不起动	电源电压过低	调整电压到所需值
	电机过载	减轻负载后再起动
	机械卡住	先停车解除机械锁止然后再起动电机

6.3　驱动电机过热故障的维修计划与设备、材料准备

1. 维修计划

1）外部直观检查。

2）采用仪器设备检测。

3）确定故障原因和零部件。

4）针对存在问题进行拆装维修。

2. 维修设备与材料准备

维修设备与材料见表 6-5。

表 6-5　维修设备与材料

名　称	数　量	名　称	数　量
比亚迪 VDS1000 诊断系统	1 台	600V 绝缘手套	1 套
汽车万用表	1 台	手套、抹布等	1 批
常规拆装工具	1 套	电工胶布等	2 卷
驱动电机系统配件	1 套	工作台	1 台

任务实施

6.4 比亚迪 e6 电动汽车驱动电机过热的故障检查

1. 外部直观检查

1）检查冷却水泵是否有运转声音，管路是否破损，接头是否松动漏水，并将故障排除。

2）检查电机外部是否渗液，管接头是否松动，并将故障排除。

3）检查电机外部高低压插接件是否良好，导线是否破损，并将故障排除。

4）检查电机外部紧固螺钉是否松动，是否异响。

2. 用仪器设备进行故障诊断

比亚迪 e6 电动汽车驱动电机电路如图 6-30 所示。

其线束检查步骤如下：

1）拔下双向逆变充放电式电机控制器（VTOG）的 B32 插接器，插孔编码如图 6-32 所示。

2）拔下 MG2 电机 B22、B23 插接器（图 6-33）。用万用表测量线束端插接器各端子的电阻值，对照表 6-6 正常值，如果不符合，则应该更换线束或插接器。如果正常，进入下一步。

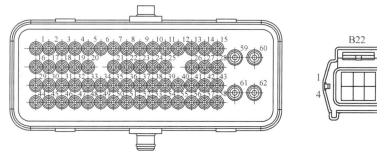

图 6-32　B32 插接器插孔编码

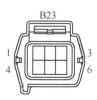

图 6-33　B22、B23 插接器

表 6-6　各端子电阻值

端　　子	正常值/Ω	端　　子	正常值/Ω
B32-19→B23-1	＜1	B32-16→B22-2	＜1
B32-3→B23-4	＜1	B32-32→B22-3	＜1
B32-1→B22-1	＜1	B32-2→B22-4	＜1

比亚迪 e6 电动汽车 B32、B22、B23 插接器的拆装与检测视频参见教学资源 6.2。

3）用诊断仪检查电机控制器和电动机，如果是 VTOG 故障，则更换 VTOG。如果是电动机故障，则更换电动机。

6.5　比亚迪 e6 电动汽车驱动电机系统维修

1. 维修说明

（1）电机内部

1）驱动电机装配前，要清扫定子、转子内外表面尘垢，并用蘸汽油的棉布擦拭干净。清除电机内部异物和漆瘤，特别是机座和端盖止口上的漆瘤和污垢，一定要用刮刀和铲刀铲除干净，否则影响电机装配质量。

2）驱动电机在修理后，若电机内部润滑油不够 2L，电机内部则需要加足 2L 的美孚 ATF220 润滑油。

（2）密封处

1）彻底清洗接合面。

2）接合面一定要涂抹密封胶（耐油硅酮密封胶 M-1213 型）。接合面为：注油塞螺纹、排油塞螺纹、端盖与箱体接合处。

3）通气阀、铭牌要用 AB 胶涂抹接合处。

（3）卡环

1）勿过分扩张卡环，以免使其变形。如果变形，需要更换。

2）确保卡环完全卡入环槽。

（4）螺栓　电机上所有的螺栓要用螺纹胶赛特 242 涂抹紧固（除固定三相动力线束与定子三相引出线外六角头螺栓外）。如果螺栓有裂纹或者损坏，请及时更换。螺栓拧紧后用油漆笔做标记。

（5）轴承

1）安装轴承前要用轴承加热器加热 80s。

2）当安装过程时，采用规定的工装进行操作。

3）同样尺寸的轴承外圈与内圈不可以更换。

（6）装配时用润滑油处

1）三相动力线束总成与箱体装配孔装配时涂抹润滑油。

2）O 形圈与箱体装配时涂抹润滑油。

3）骨架油封与盖板装配时要涂抹润滑油。

4）旋变插接件、温控插接件与箱体装配时涂抹润滑油。

2. 驱动电机的拆卸与维修

1）拆卸前的检查和试验。

①拆卸前，要熟悉驱动电机结构特点和检修技术要领，准备好拆卸所需工具和设备。另外，要清理现场工具，电机外表吹风清扫干净。

②向用户了解驱动电机的运行情况，必要时也可做一次检查试验将驱动电机空转，测出空载电流和空载损耗，同时检查驱动电机各部温度、声响和振动等情况，并测出电压、电流和转速等数据，这些情况和数据对检修后的驱动电机质量检查有帮助。

③在切断电源的情况下测出驱动电机的绝缘电阻和直流电阻值，对于高压驱动电机还可测出泄漏电流值，以备与检修后进行比较。

2）打开放油塞（图 6-34），将变速器体内的润滑油排放干净，拧紧放油塞于箱体上，防止在拆卸过程中，异物掉入变速器腔体内。

3）交错拧开用于固定变速器箱体与电机的六角法兰面螺栓，将变速器与电机分离。在后续的电机拆分过程中，请注意保护好所有的零部件，防止零部件被意外损坏。

4）旋变插接件的拆装与维修。当旋变插接件处出现问题时，需要对旋变插接件进行拆卸维修。

①用扳手将 M6×20 六角头螺栓拧下来（图 6-35）。

②取出旋变插接件，用斜口钳将旋变插接件中间部分取下。

③取新的旋变插接件连上旋变引线端插件，在旋变插接件装配面涂上一层润滑油，箱体配合孔也涂上一层润滑油。再将旋变插接件插入后箱体配合孔内。最后将 M6×20 六角头螺栓带平垫圈拧上，扭力为 12N·m。

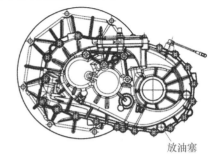

放油塞

图 6-34　拆卸放油塞

5）温控插接件的拆装与维修。当温控插接件处出现问题时，需要对温控插接件进行拆卸维修。

①用扳手将 M6×20 六角头螺栓拧下来（图 6-35，图中的旋变插接件改为温控插接件，安装位置不同）。

②取出温控插接件，用斜口钳将温控插接件中间部分取下。

③取新的温控插接件连上引线端插件，在温控

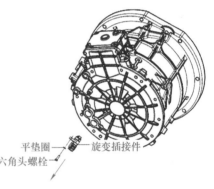

平垫圈　　　旋变插接件
六角头螺栓

图 6-35　旋变插接件的拆装

插接件装配面涂上一层润滑油，箱体配合孔也涂上一层润滑油。再将温控插接件插入后箱体配合孔内。最后将 M6×20 六角头螺栓带平垫圈拧上，扭力为 12N·m。

6）通气阀的拆装与维修。当通气阀处出现问题时，需要对通气阀进行拆卸维修。

①用专用工具将通气阀取下来。

②取新的通气阀涂上一层 AB 胶，再用装通气阀工具将通气阀装到箱体上。

7）电机骨架油封的拆装。当电机骨架油封处需要维修时，就要更换电机骨架油封。

①利用工具取出油封。

②更换新油封。在安装之前要用润滑油在骨架油封处和壳体配合处涂抹，再利用专用工具把油封向里旋转压紧，千万不能硬砸硬冲。

8）驱动电机端盖的拆装。当电机机壳内部零部件出现问题时，需要对驱动电机端盖进行拆卸。在拆卸端盖前，要检查紧固件是否齐全，并记录损伤情况，以免在装配过程中有紧固件遗落在电机内部。拆下的小零件应配在一起，放在专用零件箱内，便于装配。

当拆卸端盖时，一定要考虑到端盖一端拆下后，转子会倾斜下沉，使另一端轴承承受损伤，解决的办法是轴端用千斤顶顶上或在转子尚未沉下时，垫上胶板垫。具体拆卸过程如下：

①用扳手将端盖螺栓拧下（图 6-36）。

②用专用工具将端盖从壳体上取下来。由于之前装端盖时在接合面处涂抹了密封胶，在端盖拆下后要对电机内部进行清洁，不得让异物掉入电机内部。

③当安装端盖时，先在箱体接合面处涂抹上密封胶，利用定位销对端盖与箱体进行定位，然后用扭力扳手将 M8×35 端盖螺栓拧紧。

9）驱动电机滚动轴承的拆装。由于拆卸滚动轴承时会磨损配合表面，降低配合强度，所以不应轻易拆卸轴承。在检修中，遇到下列情况时才需拆卸滚动轴承：

①修理或更换有故障的轴承。

②轴承已超过使用寿命，需更换。

③更换其他零部件时必须拆下轴承。

④轴承安装不良，需重新装配。

从轴上拆轴承时，应使轴承内圈均匀受力；从轴承室拆轴承时，应使外圈受力均匀。热套的轴承因过盈量大，不允许改用冷拆办法。因为这样做不但拆卸困难，同时也会损伤轴承配合精度，增大轴承噪声，所以必须采用热拆法。

10）驱动电机转子的拆装。当驱动电机

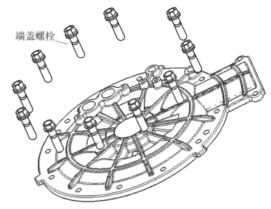

图 6-36　驱动电机端盖拆装

转子损坏需要维修时，就要把驱动电机转子取出。为了一次抽出转子，在检修现场往往是在短轴端塞入一个"假轴"，将轴接长。较重的转子要考虑起重工具和起重设备。

11）驱动电机三相动力线束的拆装。拆卸前，将电机平放于工作台上，使其平稳放置，确保拆分时的电机安全。之后对接线盒盖进行拆卸。用扳手将固定三相动力线束和定子引出线的螺栓拧下（图 6-37），取走弹垫和平垫圈。将固定三相动力线束法兰的 M6×20 六角头螺栓拧下拔出三相动力线束（注意不要损坏三相动力线束）。维修完毕后，再将三相动力线束涂抹润滑油装入箱体。

12）驱动电机定子的拆装。当驱动电机定子损坏需要维修时，就要把驱动电机定子取出。

①拆卸。用扳手将固定三相动力线束和定子引出线的螺栓拧下，取走弹垫和平垫圈（图 6-38）。用扳手将固定定子六角头螺栓拧下，取走弹垫和平垫圈。将定子从驱动电机内取出维修。

②检查。检查槽楔、齿压板、绕组端部绑扎和绝缘块是否松动和脱落，绑扎绳是否高出铁心表面。铁心通风沟要清洗干净，不得堵塞。绕组绝缘和引线绝缘以及出线盒绝缘应良好，不得损伤。绝缘电阻值不应低于规程的规定，还要检查装配零部件是否齐全。检查后要用压缩空气吹净电机铁心和绕组上的灰尘。

③安装。顺序与拆卸时相反。注意各螺栓的紧固力矩（螺栓用 7N·m，六角头螺栓用 25N·m）。

13）旋变定子的拆装。当旋变定子需要维修时，按照前面方法对箱体端盖进行拆卸，电机的旋变就安装在端盖上。再用扳手将螺栓拧下（图 6-39），取出旋变隔磁环，将定子引出线从旋变插接件中拔出后取出旋变定子。维修完旋变定子和旋变隔磁环后，就可以安装后端盖了。

14）密封环的拆装。

①拆卸。在拆卸密封环之前要确保电机水道内冷却液排放干净。之后将电机旋变插接件端朝下平放，在入水管通上气压，而出水管道堵塞密封。利用气压将密封环带 O 形圈压出

后箱体（图6-40）。

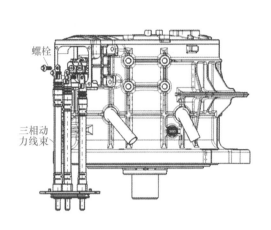

图6-37　驱动电机三相动力线束的拆装

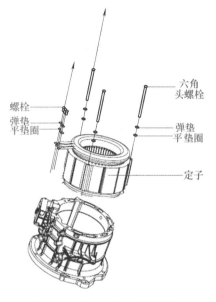

图6-38　驱动电机定子的拆装

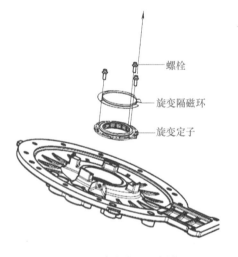

图6-39　旋变定子的拆装

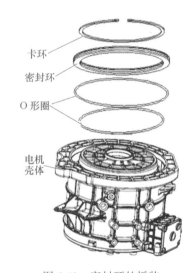

图6-40　密封环的拆装

②维修与安装。将密封环带O形圈或水道筋进行维修或更换。将维修好的密封环带O形圈或水道筋涂抹润滑油进行安装。安装完毕后进行水压密封性测验。

任务总结

1）驱动电机是为车辆行驶提供驱动力的电动机，是电动汽车的动力装置。

2）驱动电机的主要性能参数有电机类型、额定功率、额定转速、额定电压、额定电流、额定转矩、额定效率、额定功率因数、绝缘等级、功率密度、过载能力、可靠性和成本等。

3）驱动电机系统的基本结构主要由电枢、磁场和控制器等组成，其工作原理都是利用

电磁感应原理，将机械能转换为电能或将电能转换为机械能，一般电机都是可逆的。

4）电动汽车采用的驱动电机目前主要有永磁交流电动机、感应式交流电动机、直流电动机和开关磁阻电动机等。比亚迪 e6 电动汽车驱动电机为永磁无刷交流同步电动机。

5）直流电动机的转速控制普遍采用直流斩波控制，其核心部件 IGBT 具有易驱动、电压和电流容量大等优点。

6）旋转变压器是一种输出电压随转子转角变化的信号元件，用于检测电动机转子的位置，将转子磁钢的位置信号转换成电信号，为开关电路提供正确的换相信息。主要由转子总成和定子总成组成。

7）由于驱动电机及其控制器工作中发热，需要及时冷却。冷却系统一般由散热器总成、电子风扇总成、电动水泵总成和冷却水管组成。采用闭式强制水冷循环系统，冷却介质一般为乙二醇冷却液。

8）驱动电机常见的故障有起动困难、过热和振动等。可以通过外部直观检查和仪器设备进行检测。

9）驱动电机拆装维修应由专业人员进行，严格按照维修手册要求操作。

作　业

完成"学习工作页"6.1 ~ 6.8 作业。

任务 7　驱动电机控制器过热的故障诊断与维修

学习目标

1. 掌握电动汽车电机控制器的基本作用
2. 熟悉电机控制系统的基本组成
3. 熟悉电机控制系统的具体结构原理
4. 学会电机控制系统的常见故障检测与诊断
5. 能够进行电机控制系统的拆装维修
6. 培养良好的职业道德与安全、环保意识

客户报修：比亚迪 e6 电动汽车行驶中组合仪表出现"电机及控制器温度高"的字样和报警符号，要求服务站给予维修。

任务接待参见"学习领域 1　汽车维修接待、沟通与管理"的任务 2 和任务 4。

7.1　电动汽车驱动电机控制器的信息收集

1. 驱动电机控制系统的主要功能

1）限制交流电的最高输出电流和直流电的最高输出电压。

2）控制电机正向驱动、反向驱动、正转发电和反转发电。

3）根据目标转矩进行最优运转控制，具有限幅和平滑处理功能。

4）通过 CAN 与其他控制模块通信，接收并发送相关的信号，间接地控制车上相关系统正常运行。

5）控制电机的动力输出，同时对电机进行保护（电压跌落、过温保护、防止电机飞车等）。

6）制动能量回馈控制。

7）自身内部故障的检测和处理。

8）可以通过电机控制器直接从充电网上对车辆进行交流充电，也可以通过电机控制器把车辆电池包的高压直流电通过控制器的逆变放到充电网上。

2. 驱动电机控制系统的总体组成与基本工作原理

以比亚迪 e6 电动汽车为例，其电机控制系统主要由高压配电箱、控制器、驱动电机与发电机及相关的传感器组成。组件在车上的位置如图 7-1 所示。系统控制原理如图 7-2 所示。

当工作时，驱动电机控制器接收档位开关信号、加速踏板深度信号、制动踏板深度信号及电机旋变信号，经过一系列逻辑处理和判断，来控制电机的正反转和转速等。

3. 驱动电机控制系统主要部件的结构原理

（1）双向逆变充放电式电机控制器（VTOG）　VTOG 是电机控制系统

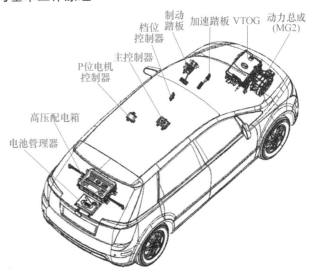

图 7-1　比亚迪 e6 电动汽车电机控制系统组件

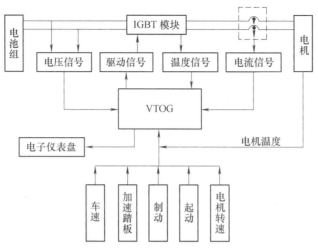

图 7-2　比亚迪 e6 电动汽车电机控制原理框图

的核心部件，它利用 IGBT 将直流电转换为交流电，来控制电机的正反转、功率、转矩和转速等。

比亚迪 e6 电动汽车电机控制器位于汽车前舱，其外形如图 7-3 所示。

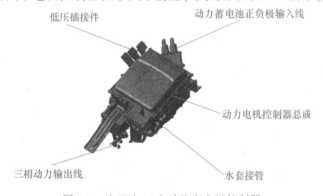

图 7-3　比亚迪 e6 电动汽车电机控制器

⬤温馨提示　比亚迪 e6 电动汽车电机控制器（VTOG）外观视频参见教学资源7.1 ⬛。

控制器总成包含上中下三层，上下层为电机、充电控制单元，中层为水道冷却单元，总成还包括信号插接件（包含 12V 电源/CAN 线/档位、加速、制动/旋变/电机过温信号线/预充满信号线等）。

控制器中的 IGBT 模块（图 7-4）作用是将动力蓄电池的直流电转换成交流电供

图 7-4　比亚迪 e6 电动汽车 IGBT 模块

电机和发动机使用，另外也将电机回收的交流电转换成直流电向动力蓄电池充电。

车辆制动时能量回收也称为再生制动或反馈制动，其原理是在车辆制动时，利用制动能量，带动电机转动，从而切割磁力线发电，此时电机变为发电机，产生的电能向动力蓄电池充电。同时转子受力减速制动，一举两得。例如比亚迪 e6 电动汽车在城市中行驶 100km，即可再生相当于 1L 多的汽油。

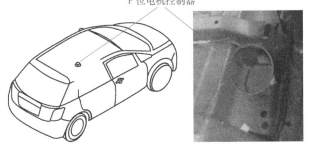

图 7-5　比亚迪 e6 电动汽车 P 位电机控制器

（2）P 位电机控制系统　P 位电动机控制系统的作用是实现整车的驻车功能。它不同于传统的机械拉索控制锁止结构，而是通过控制电机转子转动时的伸出与缩进，来控制是否锁止变速器。

P 位电机控制系统主要包括 P 位电机控制器、P 位电机及集成在一块的霍尔位置传感器。

P 位电机控制器（图 7-5）接收驱动电机控制器的指令，控制 P 位电机在 P 位位置锁止变速器。

P 位电机位于变速器的一侧（图 7-6），为开关磁阻电机，该电机内部由叶轮和摆轮等部件组成，叶轮每旋

a)　　　　　　　　　　b)

图 7-6　比亚迪 e6 电动汽车 P 位电机
a) P 位电机的位置　b) P 位电机的结构

转 60 圈，摆轮旋转 1 圈，摆轮通过花键与锁止机构相连将变速器锁止（图 7-7）。

a)　　　　　　　　　　b)

图 7-7　比亚迪 e6 电动汽车 P 位锁止机构
a) 锁止机构传动轴　b) 锁止轮

7.2　比亚迪 e6 电动汽车电机控制器过热故障的分析

根据比亚迪 e6 电动汽车结构原理，电机控制器过热故障的可能原因如图 7-8 所示。

7.3　电机控制器过热的维修计划与设备、材料准备

1. 维修计划

1）外部直观检查。

2）采用仪器设备检测。

3）确定故障原因和零部件。

4）针对存在问题进行拆装维修。

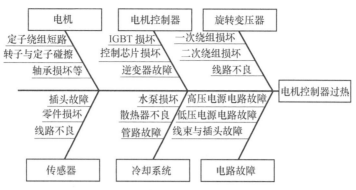

图 7-8　电机控制器过热故障的可能原因

2. 维修设备与材料准备

维修设备与材料见表 7-1。

表 7-1　维修设备与材料

名　称	数　量	名　称	数　量
比亚迪 VDS1000 诊断系统	1 台	600V 绝缘手套	1 套
汽车万用表	1 台	手套、抹布等	1 批
常规拆装工具	1 套	电工胶布等	2 卷
驱动电机控制器系统配件	1 套	工作台	1 台

7.4　比亚迪 e6 电动汽车电机控制器过热的故障检查

1. 外部直观检查

1）检查冷却水泵是否有运转声音，管路是否破损，接头是否松动漏水，并将故障排除。

2）检查电机控制器外部是否渗液，管接头是否松动，并将故障排除。

3）检查电机控制器外部高低压插接件是否良好，导线是否破损，并将故障排除。

4）检查电机是否过热。

2. 用仪器设备进行故障诊断

1）检查蓄电池电压　用万用表检查，标准电压值为 11～14V，如果电压值低于 11V，在进行下一步之前请充电或更换蓄电池。

2）用诊断仪读取故障码　采用比亚迪 VDS1000 诊断系统进行故障诊断，仪器设备使用方法常见任务 3。

将诊断仪连接 DLC3 诊断口，整车通 ON 档电，进入 VTOG 故障码诊断（表 5-3）。如有故障码，则应检查对应的故障码。如无通信，应检查电源线和 CAN 线，若都正常仍无通信，更换 VTOG。如无故障码，则应全面检查系统。

3）VTOG 高压电源电路检查　VTOG 高压电源电路如图 7-9 所示。

1）检查高压。将电源档位通到 OK 档。若无法通 OK 档，可读取 VTOG 数据流见表 7-2，看电池高压是否供给 VTOG，并根据检测情况进一步检查。

2）检查整车起动流程。踩制动通电，读取电池管理器数据流中预充状态。

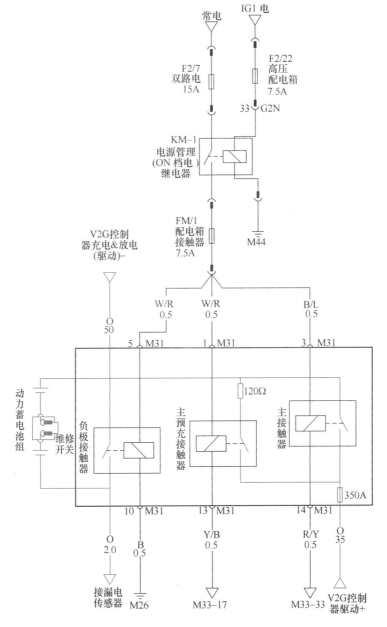

图 7-9　VTOG 高压电源电路

如预充失败，检查配电箱高低压线束，若正常，更换 VTOG。

如未预充，则检查通电过程环节，检查步骤及处理见表 7-3。

如预充完成，则进入下一步。

3）检查高压配电箱低压控制端。拔下高压配电箱 M31 插接器（图 4-30），测量线束端插接器各端子间的电压或电阻（表 5-2）。如结果正常，则更换高压配电箱。如异常，则进入下一电路检查。

表 7-2　VTOG 数据流

数据流	动力电机母线电压				
	与电池管理器总电压相差 < 20V			与电池管理器总电压相差 > 20V	
电压值/V	0 ~ 199	200 ~ 400	> 400V	< 20	其他
可能故障	电压过低，电池包	跳到下一电路	检查电池包	无高压，检查高压线束连接，若正常，进入第 3）步	检查 VTOG 或者电池管理器的采集电路（可更换尝试）

表 7-3　通电过程检查

步骤	检　查　项	是	否
1	踩制动，观察制动灯是否点亮	接步骤 2	检查制动信号
2	踩制动，观察起动按钮绿色灯是否点亮	接步骤 3	检查 BCM
3	读取 VTOG 数据流，踩制动通电，是否发送通电请求	检查管理器 CAN 线和管理器	接步骤 4
4	检查 BCM 是否发送起动请求报文	接步骤 5	更换 BCM
5	重新匹配电机防盗后，重新尝试通电，是否能通 OK 电	完成	更换 VTOG

（4）加速踏板深度传感器检查　其电路如图 7-10 所示。

1）检查加速踏板深度传感器。拆下加速踏板深度传感器，测量加速踏板插接器各端子（图 7-11）间的电压，应符合表 7-4 要求。如不符合，则应更换加速踏板深度传感器；如符合，进行下一步。

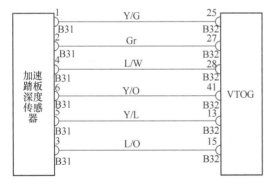

图 7-10　加速踏板深度传感器的电路

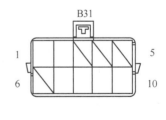

图 7-11　加速踏板插接器端子

表 7-4　插接器各端子间电压

端　　子	条　　件	正常值/V	端　　子	条　　件	正常值/V
B31-4→车身搭铁	不踩加速踏板	≈0.66	B31-2→车身搭铁	ON 档电	≈5
	加速踏板踩到底	≈4.45	B31-1→车身搭铁	ON 档电	≈5
B31-6→车身搭铁	不踩加速踏板	≈4.34	B31-5→车身搭铁	ON 档电	<1
	加速踏板踩到底	≈0.55	B31-3→车身搭铁	ON 档电	<1

 温馨提示 比亚迪 e6 电动汽车加速踏板深度传感器拆装与检测视频参见教学资源

7.2 。

2）检查线束。拔下加速踏板深度传感器 B31 插接器和 B32（VTOG 低压插接件如图 7-12 所示）插接器，测量线束端插接器各端子间的电阻，应符合表 7-5 的要求。如不符合，则应更换线束或插接器。

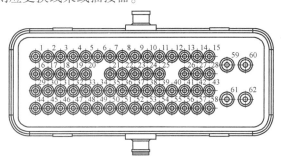

图 7-12　B32 插接器端子

表 7-5　插接器各端子间的电阻

端　子	正常值 /Ω	端　子	正常值 /kΩ
B31-2→B32-29	<1	B31-2→车身搭铁	>10
B31-1→B32-27	<1	B31-1→车身搭铁	>10
B31-4→B32-30	<1	B31-4→车身搭铁	>10
B31-6→B32-43	<1	B31-6→车身搭铁	>10
B31-5→B32-13	<1	B31-5→车身搭铁	>10
B31-3→B32-15	<1	B31-3→车身搭铁	>10

（5）P 位电机控制系统检测

1）用诊断仪诊断。把诊断仪接到 DLC 口上，读取故障码诊断。如无应答，应检查 P 位电机电源线和 CAN 线，如果正常仍无应答，则更换 P 位电机控制器；如有故障码输出，则根据故障码排查，见表 7-6；如无故障码输出，则应马上检查 ECU 端子。

表 7-6　P 位电机控制器故障码

故障码	检测项目	故障区域
P1C30-00	驱动管或电机故障	P 位电机

2）检查熔丝和插接件情况。检查 P 位电机和 P 位电机控制器的插接件是否插接完好，端子是否正常，不正常则维修相关部分。检查 F2/8 号、F2/28 号、F2/23 号熔丝是否导通。如不导通，则更换熔丝。

7.5　比亚迪 e6 电动汽车电机控制器的拆装与维修

1. 比亚迪 e6 电动汽车电机控制器的拆装

1）拆卸维修前需将点火开关处于 OFF 档，断开维修开关，使蓄电池断电，还应放掉冷却系统的冷却液，拆卸电机控制器冷却管路进出水管。

2）VTOG 拆装参见任务 5 的 VTOG 拆装。

2. 档位控制器拆装

1）拆卸仪表板总成和仪表板本体总成。

2）拆卸档位控制器。断开档位控制器上一个插接件，拆卸档位控制器上两个螺栓（图 7-13），取下档位控制器。

3）按照拆卸相反的顺序进行安装。

图 7-13　档位控制器的拆装

3. P 位电机控制系统拆装

1）拆卸 P 位控制器。断开 P 位控制器的插接器，拆下三个螺栓以及 P 位控制器，如图 7-14 所示。

2）拆卸 P 位电机。断开 P 位电机上的两个插接器，拆下三个螺栓以及 P 位电机，如图 7-15 所示。

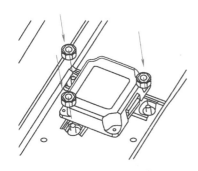

图 7-14　P 位控制器的拆装

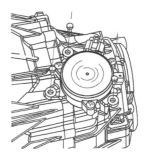

图 7-15　P 位电机的拆装

3）按照拆卸相反的顺序进行安装。

任务总结

1）驱动电机控制系统用于控制电机的正向驱动、反向驱动、正转发电和反转发电，与整车控制系统实时通信，实施电机的最优运转控制，限制最高输出电流和电压，进行电机保护和自身内部故障的检测和处理等。

2）电机控制系统主要由高压配电、控制器、驱动电机与发电机及相关的传感器组成。当工作时，驱动电机控制器接收档位开关信号、加速踏板深度信号、制动踏板深度信号及电机旋变灯信号，经过一系列逻辑处理和判断，来控制电机的正反转和转速等。

3）双向逆变充放电式电机控制器（VTOG）是电机控制系统的核心部件，它利用 IGBT 将直流电转换为交流电，来控制电机的正反转、功率、转矩和转速等。

4）P 位电机控制系统的作用是实现整车的驻车功能，主要由 P 位电机控制器、P 位电机及霍尔位置传感器组成。

5）驱动电机控制系统故障可以通过外部直观检查和仪器设备进行检测。

6）驱动电机控制器属于高压部件，拆装维修应由专业人员进行，严格按照维修手册要求操作。

作　业

完成"学习工作页"7.1~7.7 各项作业。

模块 4
电动汽车辅助系统的故障诊断与维修

任务 8　电动汽车空调不制冷的故障诊断与维修

 **学习目标**

1. 掌握电动汽车空调系统的结构与工作原理特点
2. 学会空调系统的常见故障检测与诊断
3. 能够进行空调制冷系统的抽真空与制冷剂加注

4. 能够进行空调系统的拆装与维修
5. 培养良好的职业道德与安全、环保意识

客户报修：比亚迪 e6 电动汽车行驶中突然空调不制冷，要求服务站给予维修。

任务接待参见"学习领域 1　汽车维修接待、沟通与管理"的任务 2 和任务 4。

8.1　电动汽车空调系统的信息收集

1. 电动汽车空调系统的组成特点

电动汽车空调与常规汽车空调相比，主要区别在于电动压缩机及 PTC（正温度系数 Positive Temperature Coefficient 的缩写）半导体材料制热。

常规汽车制冷压缩机靠带轮，通过发动机曲轴带动转动，其转速只能被动地通过发动机调节。电动汽车的压缩机为电动压缩机，其驱动靠高压电驱动（如比亚迪 e6 电动汽车为 320V），其转速调节范围在 0 ~ 4000r/min，保证了良好的制冷效果，同时也节约了电能。

常规汽车制热是靠冷却液温度的热量传导来制热，在发动机起动与暖机阶段制热效果不好。而 BEV 没有发动机，需要靠 PTC 制热器进行电制热，其最大功率达 3000W，同时可以任意调节。

以比亚迪 e6 电动汽车为例，空调系统由制冷、供暖、通风和控制等部分组成。

制冷系统主要由空调驱动器、电动压缩机、冷凝器、膨胀阀和蒸发器五大部件组成（图 8-1），辅助设备有制冷管路、储液干燥器等。

供暖系统主要由空调驱动器、PTC 加热器等组成。

通风系统主要由鼓风机、通风管道等组成。

控制系统主要由室外温度传感器、室内温度传感器、日光照射传感器、蒸发器温度传感器、PTC 温度传感器、PTC 一次性熔断器、PTC 温度控制开关、调速模块、三态压力开关、内外循环电机、主驾冷暖电机、副驾冷暖电机和空调控制器组成。部分组件在车上的位置如图 8-2 所示，其组成框图如图 8-3 所示。

2. 电动汽车空调系统工作原理

（1）制冷系统原理（图 8-4）　由空调驱动器驱动的电动压缩机将气态的制冷剂（R134a）从蒸发器中抽出，并将其压入冷凝器。高压气态制冷剂经冷凝器时液化而进行热交换（释放热量），热量被车外的空气带走。高压液态的制冷剂经膨胀阀的节流作用而降压，低压液态制冷剂在蒸发器中汽化而进行热交换（吸收热量），蒸发器附近被冷却了的空气通过鼓风机吹入车厢。气态的制冷剂又被压缩机抽走，泵入冷凝器，如此使制冷剂进行封闭的循环流动，不断地将车厢内的热量排到车外，使车厢内的气温降至适宜的温度。

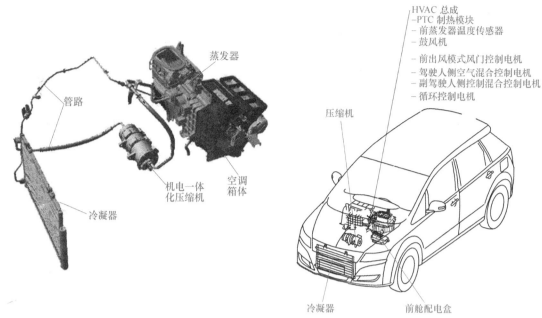

图 8-1　比亚迪 e6 汽车空调制冷系统　　　　图 8-2　比亚迪 e6 汽车空调系统在车上的位置

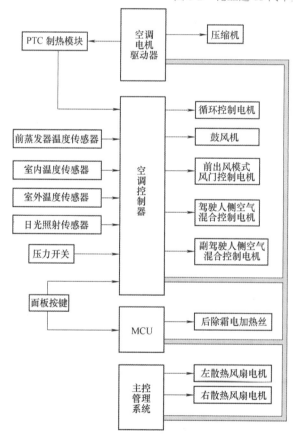

图 8-3　比亚迪 e6 汽车空调系统的组成框图

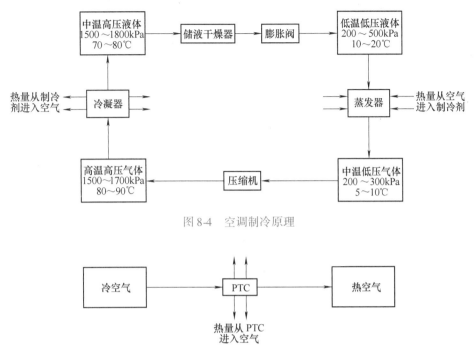

图 8-4　空调制冷原理

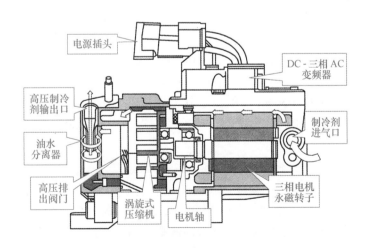

图 8-5　空调制热原理

（2）供暖原理（图 8-5）　供暖系统采用空调驱动器驱动 PTC 加热器制热，通过鼓风机吹出的空气将 PTC 散发出的热量送到车厢内或风窗玻璃，用以提高车厢内的温度和除霜。

空调其他原理（换气、除湿、除霜除雾等）与常规汽车空调相似。

3. 电动汽车空调系统主要部件结构原理

（1）电动空调压缩机　电动汽车空调压缩机取消了传统汽车的外驱式带轮，采用电机驱动，电机一般与压缩机组装为一体，形成全封闭的结构，其内部结构如图 8-6 所示。

图 8-6　电动空调压缩机的结构

这种结构形式灵活方便，可装置在发动机室的任何位置，而且电机与压缩机可采取同轴驱动，不会出现传统驱动方式的传动带打滑、压缩机转速与发动机转速不同步的现象。由于电机同轴驱动压缩机，可通过调节电机转速改变压缩机转速，实现空调压缩机排量及制冷量的灵活控制。封闭式的驱动结构，只有电源线及进出气管与外部联系，泵气装置运行的可靠性较高，故障率较低。

电动空调压缩机一般使用泵气效率较高的涡旋式压缩机，与其他诸多类型的空调压缩机（如斜盘式、曲柄连杆式和叶片式等压缩机）相比，涡旋式压缩机具有振动小、噪声低、使用寿命长、重量轻、转速高、效率高和外形尺寸小等多个优点。

涡旋式压缩机包括一个定涡盘和一个动涡盘（图8-7），这两个相互啮合的涡盘，其线型是相同的，它们相互错开180°安装在一起，即相位角相差180°。其定涡盘是固定在机架上，而动涡盘由电机直接驱动。动涡盘是不能自转的，只能围绕定涡盘做很小回转半径的公转运动。当驱动电机旋转带动动涡盘公转时，制冷气体通过滤芯吸入到定涡盘的外围部分，随着驱动轴的旋转，动涡盘在定涡盘内按轨迹运转，使动、定涡盘之间形成由外向内体积逐渐缩小的六个腔，即A腔、B腔、C腔、D腔、E腔和F腔，制冷气体在动、定涡盘所组成的六个月牙形压缩腔内被逐步压缩，最后从定盘中心孔通过阀片将被压缩后的制冷气体连续排出。

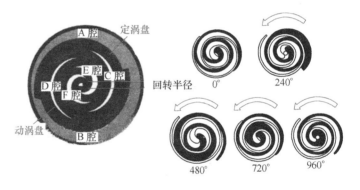

图8-7 涡旋式压缩机

在压缩机整个工作过程中，所有工作腔均由外向内逐渐变小且处于不同的压缩状况，从而保证涡旋式压缩机能连续不断地吸气、压缩和排气。虽然涡旋式压缩机每次排出制冷剂的气量较小，其排出量为 $27 \sim 30 \text{cm}^3$，但由于其动涡盘可做高达 $9000 \sim 13\,000 \text{r/min}$ 的公转，所以它的总排量足够大，能满足车辆空调制冷的需求，当然压缩机的功耗也较大，可达 $4 \sim 7 \text{kW}$。

ℹ️温馨提示 比亚迪 e6 电动汽车空调压缩机结构原理视频参见教学资源 8.1。

（2）空调驱动电机及其变频器 驱动电动汽车空调压缩机运转的是三相永磁同步电机，而向空调三相电机供电的应是三相高压交流电。电动汽车的电池只能提供直流电，为此必须要将电池直流电转换为交流电，这个任务就由变频器承担，由它产生向空调压缩机和三相永

磁同步电机供电的交流电源。

电动空调的变频器使用了六个场效应晶体管（IGBT），IGBT 的导通或截止受控于其上的栅极电压，就能造成 IGBT 的源极与漏极间的通路或断路状况。如图 8-8 所示，当六个 IG-BT 的栅极按一定规律轮流加上占空比脉冲调制控制电压时，就会让电池的直流高压电流经过变频器，在输出端形成三相正弦交流电流，利于三相永磁同步电机平稳运转，产生的转矩以驱动空调压缩机。图中与 IGBT 并联的二极管是电机三相绕组的续流二极管。

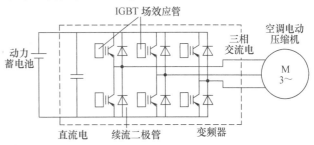

图 8-8　电动空调变频原理

通过控制永磁同步电机定子各相绕组的通电频率及电流大小，可高精度调节电机转子的转速与转矩，并能直接控制压缩机的转速，达到调节制冷剂的排量，以适合汽车运行对空调系统的不同工况要求。

空调变频器系统电路如图 8-9 所示。

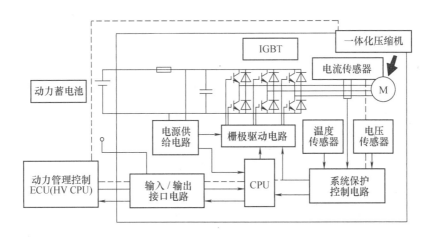

图 8-9　空调变频器系统电路

①"栅极驱动电路"对各 IGBT 的栅极进行控制，它接收处理器 CPU 的信号，当它给各栅极进行 PWM（脉冲宽度）调制时，将使输出电路得到正弦波的电压。通过 IGBT 的通断频率还可控制空调压缩机的变速，同时它还受保护电路的监控。

②"系统保护控制电路"接收输出电流、电压和空调温度等传感信号，不让其在过电电流、过电压及超温状态下工作，用于对整个系统运行保护。

③中央处理器 CPU。根据空调的目标温度和蒸发器实际温度，计算压缩机的目标转速，控制空调变频器栅极驱动电路的工作。而空调蒸发器的目标温度是由驾驶人设定温度、车外温度传感器、车内温度传感器、日光照射传感器，以及 PTC 温度传感器决定的。另外，车内温度传感器产生 CPU 的校正信号，提高了乘坐的舒适性。

④"输入/输出接口电路"负责对外部电路,如对动力管理系统电路进行通信信号的联系。

⑤ "电源供给电路"负责向 CPU 和栅极电路进行供电。

（3）PTC 加热器　电动汽车空调的供暖系统热源采用 PTC 电加热器，泛指正温度系数热敏电阻，通常是用半导体材料制成的，其电阻随温度变化而急剧变化，当外界温度降低，PTC 电阻值随之减小，发热量反而会相应增加，所以 PTC 加热器具有节能、恒温、安全和使用寿命长等特点。

前期的制热装置采用 PTC 发热条，直接将冷空气加热为热空气，再用风机吹出热气的方式。为提高制热器的效率，现在的制热多采取水为介质，将水加热后送到空调风道的散热器，再经风机吹向车厢内或风窗玻璃，用以提高车厢内温度和除去风窗玻璃的霜雾，吹出气体的温度最高可达85℃，完全可满足空调制热的要求，如果高于 85℃，则 PTC 电阻变得极大，实际表现为自动停止工作。作为加热用的陶瓷 PTC 元件，具有自动恒温的特性可省去一套复杂的温控电路，而且其工作电压可高达1000V，可直接由电池的高压供电。比亚迪 e6 电动汽车空调 PTC 加热器如图 8-10 所示。

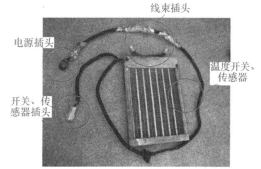

图 8-10　比亚迪 e6 汽车空调 PTC 加热器

8.2　比亚迪 e6 电动汽车空调不制冷故障的分析

根据比亚迪 e6 电动汽车结构原理，空调不制冷故障的可能原因如图 8-11 所示。

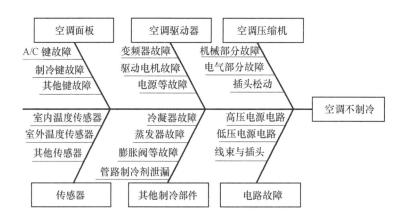

图 8-11　空调不制冷故障的可能原因

8.3　空调不制冷的维修计划与设备、材料准备

1. 维修计划

1）外部直观检查。

2）采用仪器设备检测。

3）确定故障原因和零部件。

4）针对存在问题进行拆装维修。

2. 维修设备与材料准备

维修设备与材料见表 8-1。

表 8-1　维修设备与材料

名　　称	数　　量	名　　称	数　　量
比亚迪 VDS1000 诊断系统	1 台	600V 绝缘手套	1 套
汽车万用表	1 台	眼罩、手套、抹布等	1 批
空调歧管压力表组	1 套	电工胶布等	2 卷
常规拆装工具	1 套	工作台	1 台
扭力扳手	1 把	汽车空调制冷系统配件	1 套

任务实施

8.4　比亚迪 e6 电动汽车空调不制冷故障的检查

1. 外部直观检查

温馨提示：当空调系统出现不工作或工作不正常等故障时，会有一些外观的表现。通过直观的检查（眼看、手摸、耳听）能准确而又简便地诊断故障所在，迅速排除故障。

（1）直接观察

1）仔细观察管路有无破损、冷凝器及蒸发器的表面有无裂纹或油渍。如果冷凝器、蒸发器或其管路某处有油渍，确认有无渗漏，可用皂泡法重点检查渗漏的部位（各管路的接头处和阀的连接处、软管及软管接头处、压缩机油封、密封垫等处、冷凝器、蒸发器等表面有刮伤变形处）。

2）打开空调系统，然后再通过检视窗查看制冷剂的循环流动情况。

液体正常流动，偶尔出现一个气泡，制冷剂正常。

液体流动清晰，无气泡，有制冷剂充满或无制冷剂两种可能，如果出风口冷，说明制冷剂正常；如果出风口不冷，则可能是制冷剂已漏光了；有较多的气泡，说明制冷剂不足。

3）查看电气电路。仔细检查有关的电路连接有无断路之处。

上述有问题，则更换或维修相应组件。

（2）通过手感检查故障

1）检查空调制冷系统高压端。接通空调开关，使制冷压缩机工作 10～20min 后，用手触摸空调系统高压端管路及部件。从压缩机出口→冷凝器→储液干燥罐到膨胀阀进口处，手感温度应是从热到暖。如果中间的某处特别热，则说明其散热不良；如果这些部件发凉，则说明空调制冷系统可能有阻塞、无制冷剂、压缩机不工作或工作不良等故障。

2）检查空调制冷系统低压端。接通空调开关，使制冷压缩机工作 10～20min 后，用手触摸空调系统低压端管路及部件。从蒸发器到压缩机进口处，手感温度应是从凉到冷。如果不凉或是某处出现了霜冻，均说明制冷系统有异常。

3）检查压缩机出口端温度差。接通空调开关，使制冷压缩机工作 10～20min 后，用手触摸压缩机进出口两端，压缩机的高、低压端应有明显的温度差。如果温差不明显或无温差，则可能是已完全无制冷剂或制冷剂严重不足。

4）检查电路。用手检查导线插接器连接是否良好，空调系统电路各插接件应无松动和发热。如果插接件有松动或手感插接件表面的温度较高（发热），则说明插接件内部接触不良而导致了空调系统不工作或工作不正常。

上述有问题，则更换或维修相应组件。

（3）用耳听检查故障　仔细听压缩机有无异响、压缩机是否工作，以判断空调系统不制冷或制冷不良是否出自压缩机或是压缩机控制电路的问题。

上述有问题，则更换或维修相应组件。

2. 用空调歧管压力表组进行检查

空调歧管压力表组如图 8-12 所示。检查步骤如下：

1）关闭高、低压力表的手动阀。

2）将高、低压力软管分别连接到空调系统的高低压检修阀上。

3）慢慢打开高、低压力表手动阀，利用空调系统内制冷剂压力排除管内空气。

4）启动空调系统，待压力表指示稳定后即可读取压力值。

5）根据高、低压力表值进行判断，见表 8-2。

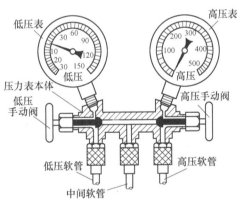

图 8-12　空调歧管压力表组

表 8-2　空调故障判断

高压力表值	低压力表值	故障判断	备注
1.47～1.67MPa	0.15～0.25MPa	正常压力	不同空调系统略有差异，以维修手册为准
低于正常压力	低于正常压力	制冷剂不足	
高于正常压力	高于正常压力	制冷剂过量或冷凝器散热不良	
高于正常压力，且指针摆动	高于正常压力，且指针摆动	制冷系统有空气	
低于正常压力	高于正常压力	空调压缩机压力低或膨胀阀开度大	

3. 用仪器设备进行故障诊断

1）检查蓄电池电压。用万用表检查，标准电压值为 11～14V，如果电压值低于 11V，在进行下一步之前请充电或更换蓄电池。

2）参考汽车空调故障诊断表（表 8-3），如果故障在其中，可根据具体故障进行进一步检查、调整、维修或更换。如果不在表中，则应进行全面诊断。

表 8-3　汽车空调故障诊断表

故障症状	可能发生部位	故障症状	可能发生部位
空调系统所有功能失效	1）高压配电 2）空调电机驱动器 3）空调控制器电源电路 4）空调控制器 5）CAN 线 6）微处理器 MICU 7）线束和插接器	出风模式调节不正常	1）前出风模式风门控制电机 2）空调控制器 3）线束和插接器
仅制冷系统失效（鼓风机工作正常）	1）压缩机 2）空调电机驱动器 3）压力开关	驾驶人侧冷暖调节不正常	1）驾驶人侧空气混合控制电机 2）空调控制器 3）线束和插接器
鼓风机不工作	1）鼓风机回路 2）空调控制器	副驾驶人侧冷暖调节不正常	1）副驾驶人侧空气混合控制电机 2）空调控制器 3）线束和插接器
仅暖风系统失效	1）PTC 制热模块 2）空调电机驱动器	内外循环调节不正常	1）循环控制电机 2）空调控制器 3）线束和插接器
制冷系统工作不正常（实际温度与设定温度有偏差，风速档位异常）	1）各传感器 2）前调速模块 3）AC 鼓风机 4）空调控制器面板总成 5）线束和插接器	后除霜失效	1）后除霜回路 2）MCU 3）线束或插接器

3）用诊断仪读取故障码。采用比亚迪 VDS1000 诊断系统进行故障诊断（仪器设备使用方法常见任务 3），空调故障码见表 8-4。根据故障码可进行进一步检查。

表 8-4　空调故障码

故障码	故障描述	故障码	故障描述
B2A02	室外温度传感器	B2A0D	温控开关故障
B2A03	蒸发器温度传感器	B2A0E	主控不允许故障
B2A04	室内温度传感器	B2A1D	空调驱动器电机故障
B2A05	PTC 温度传感器	B2A1F	主控未吸合空调继电器
B2A06	高低压力故障	B2A20	电池电量严重报警
B2A07	电量不足,压缩机停止	B2A21	电池电量一般报警
B2A09	EEPROM	U0164	空调模块通信故障

4）检查空调控制模块。拔下空调控制器 G51、G52 插接器（图 8-13），用万用表测量线束端插接器各端子间的电压或电阻，正常值见表 8-5。

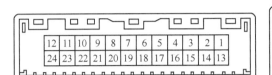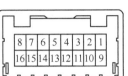

图 8-13　G51、G52 插接器

表 8-5　各端子间的电压或电阻值（拔下 G51、G52 插接器）

端子号	端子描述	条件	正常值
G51-7-车身搭铁	高/低压力开关信号输入端	制冷剂压力≥0.196MPa 且≤3.14MPa	11～14V
G51-8-车身搭铁	中压力开关信号输入端	制冷剂压力≥1.47MPa	11～14V
G51-24-车身搭铁	ON 档电源输入端	电源档位通到 ON 档	11～14V
G51-23-车身搭铁	ON 档电源输入端	电源档位通到 ON 档	11～14V
G51-17-车身搭铁	搭铁	始终	<1Ω
G51-18-车身搭铁	搭铁	始终	<1Ω
G51-21-车身搭铁	搭铁	始终	<1Ω

之后重新插上空调控制器 G51、G52 插接器，电源档位通到 ON 档。从插接器后端引线，测量线束端插接器各端子间的电压或电阻，正常值见表 8-6。如上述检查结果不正常，则进一步检查零部件及其电路。

表 8-6　各端子间的电压或电阻值（插上 G51、G52 插接器）

端子号	端子描述	条件	正常值
G51-13-车身搭铁	循环电机内循环端	将内外循环模式调至内循环	电压信号
G51-14-车身搭铁	循环电机外循环端	将内外循环模式调至外循环	电压信号
G52-9-车身搭铁	鼓风机反馈端	开空调	反馈信号
G51-4-车身搭铁	鼓风机速度调整端	开空调	速度信号
G51-20-车身搭铁	PTC 温度传感器搭铁	始终	<1Ω
G52-12-车身搭铁	PTC 温度传感器输入端	开空调(制热模式)	温度信号
G51-9-车身搭铁	空调继电器控制端	开空调	<1Ω
G52-5-车身搭铁	室内温度传感器搭铁	始终	<1Ω
G52-15-G52-5	室内温度传感器输入端	开空调	温度信号
G51-19-车身搭铁	日光照射传感器搭铁	始终	<1Ω
G52-14-G51-19	日光照射传感器输入端	开空调	光照信号
G52-6-车身搭铁	室外温度传感器搭铁	始终	<1Ω

（续）

端子号	端子描述	条　件	正常值
G52-16-G52-6	室外温度传感器输入端	开空调	温度信号
G52-7-车身搭铁	蒸发器温度传感器搭铁	始终	<1Ω
G52-13-G52-7	蒸发器温度传感器输入端	开空调	温度信号
G51-2-G51-1	出风模式风门控制电机电源输入端	开空调,调节出风模式	11～14V
G52-11-车身搭铁	出风模式风门位置反馈端	开空调,调节出风模式	风门位置信号
G51-16-G51-15	驾驶人侧空气混合电机电源输入端	开空调,调节出风温度	11～14V
G52-10-车身搭铁	冷暖风门位置反馈端	开空调,调节出风温度	风门位置信号
G52-8-车身搭铁	冷暖风门电机及模式电机高电位端	开空调	≈5V

5）PTC 温度传感器故障（故障码 B2A05）检测（电路如图 8-14 所示）。

①检查 PTC 温度传感器。拆下 PTC 制热模块，测量 PTC 温度传感器在不同温度下两端子间的电阻，如果异常，则更换 PTC 制热模块；如正常（传感器无短路、断路，阻值能随着温度变化有规律地变化），则进行下一步检查。

②检查线束（PTC 制热模块－空调控制器）。从空调箱体 GJ09 插接器（图 8-15）后侧引线拔下空调控制器 G51、G52 插接器，测量 GJ09 的 19 端子与 G51 的 20 端子间电阻应小于 1Ω，GJ09 的 18 端子与 G52 的 12 端子间电阻应小于 1Ω。如果不合，则更换线束或插接器；如果正常，则更换空调控制器。

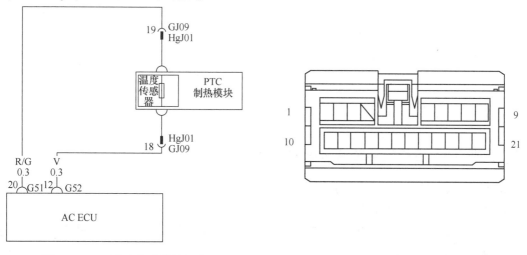

图 8-14　PTC 温度传感器的电路　　　　　　　图 8-15　GJ09 插接器

6）电量不足，压缩机停止的故障（故障码 B2A07）检测（电路如图 8-16 所示）。

①检查仪表盘动力蓄电池的 SOC 值。如果 SOC≤10%，说明动力蓄电池电量不足，立即进行充电；如果 SOC≥10%，进行下一步检查。

②检查高压电源输入。将高压输入电源插头 A1、G1 重插一遍，检查压缩机是否恢复正常。如果正常了，说明高压电源输入接触不良，否则应更换空调电机驱动器。

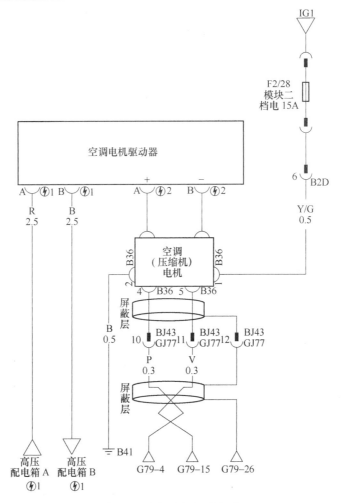

图 8-16　空调电机驱动电路

8.5　比亚迪 e6 电动汽车空调系统的维修

1. 维修空调系统时的注意事项

1）维修空调系统必须由专业技术人员进行。

2）维修前应使工作区通风，请勿在封闭的空间或接近明火的地方操作制冷剂。维修前应戴好眼罩，保持至维修完毕。

3）避免液体制冷剂接触眼睛和皮肤。若液体制冷剂接触眼睛和皮肤，应用冷水冲洗，并注意：不要揉眼睛或擦皮肤。在皮肤上涂凡士林软膏。严重的要立刻找医生或医院寻求专业治疗。

4）制冷系统中如果没有足够的制冷剂，请勿运转压缩机，避免由于系统中无充足的制冷剂并且油润滑不足造成的压缩机可能烧坏的情况。

5）压缩机运转时不要打开压力表高压阀，只能打开和关闭低压阀。

6）冷冻油。必须使用专用冷冻油。不可乱用其他品牌的润滑油代替，更不能混用（不

同牌号）。比亚迪 e6 空调系统冷冻油总量为 120ml，当系统因渗漏导致冷冻油总量低于 110ml 时，就有可能造成压缩机的过度磨损，因此维修站应视情况补加冷冻油。因冷冻油具有较强的吸水性，在拆下管路时要立即用堵塞或口盖堵住管口，不要使湿气或灰尘进入制冷系统。

7）维修时应注意，打开管路的 O 形圈必须更换，并在装配前在密封圈上涂冷冻油后按要求力矩连接。

8）维修中严格按技术要求操作（充注量、冷冻油型号、力矩要求等），按照要求检修空调，保证空调系统的正常工作和使用寿命。

9）避免制冷剂过量。若制冷剂过量，会导致制冷不良。在排放系统中有过多的制冷剂时，不要排放过快，以免将系统中的压缩机油也抽出来。

10）定期清洗空气过滤网，保持良好的空气调节质量。

11）检查冷凝器散热片表面是否有脏污，不要用蒸汽或高压水枪冲洗，以免损坏冷凝器散热片，应用软毛刷刷洗。

12）高压电器系统的维修严格按照电动汽车的要求进行。

2. 空调制冷剂的充注

当发现制冷系统管路破损，制冷剂泄漏，就需要进行管路抽真空和制冷剂添加。

（1）制冷系统抽真空

1）连接空调高低压力表、真空泵（图 8-17）。分别将高压表接管接入储液干燥器上的高压维修阀，将低压表接入蒸发器至压缩泵低压管路上的维修阀上，中间注入软管安装于真空泵接口上。

2）开动真空泵，打开歧管压力表的高、低压手动阀。对系统抽真空，使真空度达到 100Pa 左右（低压表指示）。抽真空时间 5~6min，若达不到该真空值，应关闭高、低压两侧手动阀，停止抽真空，检查泄漏处。

3）关闭高、低压压力表的手动阀。静止 5min，观察压力表指示，若真空度下降，则表明有泄漏处。此时，可从低压端注入少量制冷剂，当压力达到 100kPa 左右时，迅速关闭制冷剂瓶和低压手动阀。用肥皂水或电子检漏仪检查漏点并消除漏点。若系统正常，则可继续下面步骤。

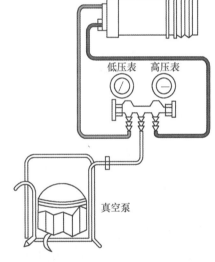

图 8-17 连接空调高低压力表和真空泵

4）继续抽真空 15~30min，因为水分的蒸发需要一定的时间，时间越长，系统内残余的水分也就越少。当抽真空结束时，应先将高低压手动阀关闭，然后关闭真空泵，目的是为了防止空气进入系统。为了最大限度地将系统内的空气及湿气抽出，必须采用重复抽真空法，即第一次抽真空完毕后再连续抽 30min 以上，使其真空压力表指针稳定。从真空泵的接口拆下中间注入软管，为后面进行向系统充注制冷剂做好准备。

（2）制冷剂的充注

1）关闭歧管压力表的高、低压手动阀，断开真空泵，将注入阀连接在制冷剂罐上，将中间软管安装在注入阀接口上。顺时针拧紧注入阀手柄（图 8-18），使阀上的顶针将制冷罐顶开一个小孔。逆时针旋松注入阀手柄，退出顶针，使制冷剂进入中间注入软管。如一罐用完，再用下一罐时，应先关闭压力表的手动阀，如图 8-19 所示。

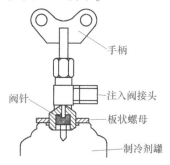

图 8-18　制冷剂注入阀

2）打开制冷剂罐，拧松中间注入软管歧管压力表侧的螺母，如看到白色制冷剂气体外溢，或听到"嘶嘶"声，说明注入软管中的空气已排出，可以拧紧该螺母。

3）旋开高压表侧手动阀，将制冷剂罐倒立，使制冷剂以液态注入制冷系统。在充注时不得起动发动机和打开空调，以防制冷剂倒罐，加注后用手转动压缩机若干次。

4）关上高压手动阀，打开低压手动阀，让制冷剂罐正立使制冷剂以气态的形式进入制冷系统的低压侧。当低压侧的制冷剂压力不再增加时，关闭歧管压力表的低压侧手动阀。

5）起动发动机，打开空调开关，将风机开关转到高速档，同时将车门打开。再次打开歧管压力表的低压手动阀，让制冷剂继续进入制冷系统。达到规定压力后，关闭歧管压力表的低压手动阀和制冷剂罐。

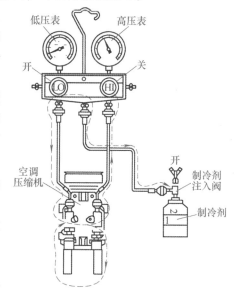

6）加注完毕后，发动机熄火，首先关闭歧管压力表的高、低压手动阀以及注入阀，拆下与低压维修阀连接的软管，当高压侧压力下降后，再拆下与高压维修阀连接的软管。

图 8-19　从制冷系统低压侧
充入气态制冷剂

注意！起动发动机加注制冷剂绝对不能旋开高压手动阀，否则会引起爆炸。

3. 空调系统机械部件拆装维修

拆装维修前需将电源档位退至 OFF 档，使蓄电池断电。

（1）空调控制器面板总成拆装

1）拆卸仪表板右装饰盖板总成。

2）拆卸空调控制器面板总成（图 8-20）。拆卸

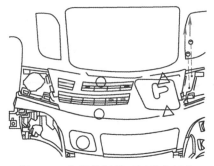

图 8-20　空调控制器面板总成拆装

两个螺钉，脱开两个卡子与两个卡爪，断开空调控制器面板总成背后两个插接件，取下空调控制器面板总成。

3）按照拆卸相反的步骤进行安装。

（2）采暖通风与空调总成拆装

1）拆卸仪表板总成。

2）拆卸采暖通风与空调总成（图8-21）。拆卸驾驶舱内五个螺母，拆卸发动机舱内一个螺母，取下采暖通风与空调总成。

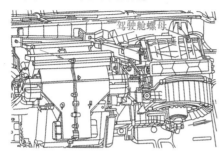

图 8-21　采暖通风与空调总成的拆装

3）按照拆卸相反的步骤进行安装。注意各螺钉的拧紧力矩。

（3）空调压缩机拆装

1）电源档位退至 OFF 档，拔下紧急维修开关，蓄电池断电。

2）拆卸前驱动力系统总成。

3）拆卸压缩机。断开管路与插接件，拆卸两个螺栓 + 螺母与两个螺栓（图8-22），取下压缩机。

4）按照拆卸相反的步骤进行安装。注意各螺钉的拧紧力矩。

（4）日光照射传感器拆装（图8-23）

1）拆卸。断开日光照射传感器的一个插接件，脱开一个卡子，取下日光照射传感器。

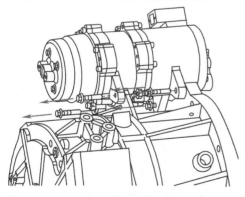
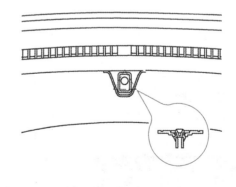

图 8-22　空调压缩机的拆装　　　　　图 8-23　日光照射传感器的拆装

2）安装。按照拆卸相反的步骤进行安装。

（5）室内温度传感器拆装（图8-24）

1）拆卸。断开一个插接件，脱开一个卡子，取下室内温度传感器。

2）安装。按照拆卸相反的步骤进行安装。

（6）室外温度传感器拆装（图8-25）

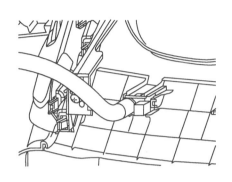
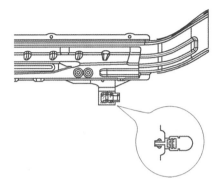

图 8-24　室内温度传感器的拆装　　　　　图 8-25　室外温度传感器的拆装

1）拆卸前保险杠总成。

2）拆卸室外温度传感器。断开一个插接件，脱开一个卡子，取下室外温度传感器。

3）按照拆卸相反的步骤进行安装。

任务总结

1）电动汽车空调与常规汽车空调相比，主要区别在于电动压缩机及 PTC 制热。

2）电动汽车空调压缩机取消了传统汽车的外驱式带轮，采用三相永磁同步电机驱动。电动空调压缩机一般使用泵气效率较高的涡旋式压缩机。

3）电动汽车空调的供暖系统热源采用 PTC 电加热器，其电阻随温度变化而急剧变化，当外界温度降低，PTC 电阻值随之减小，发热量反而会相应增加，所以 PTC 加热器具有节能、恒温、安全和使用寿命长等特点。

4）当汽车空调系统出现不工作或工作不正常等故障时，会有一些外观的表现。通过直观的检查（眼看、手摸、耳听）能准确而又简便地诊断故障所在，迅速排除故障。

5）空调歧管压力表组是检查汽车空调制冷系统的简单有效设备。

6）采用专用诊断仪可以快速读取汽车空调故障码，结合一般仪器，可以全面诊断汽车空调各种故障。

7）维修电动汽车空调系统时要严格遵守操作规程和注意事项。

8）电动汽车空调维修包括制冷系统抽真空、制冷剂加注和零部件拆装维修或更换等。

作　业

完成"学习工作页"8.1～8.17 各项作业。

任务 9　电动转向沉重的故障诊断与维修

学习目标

1. 掌握电动转向系统的结构特点
2. 熟悉电动转向系统的结构原理
3. 学会电动转向系统的常见故障检测与诊断
4. 能够进行电动转向系统的拆装更换
5. 培养良好的职业道德与安全、环保意识

任务接受

客户报修：比亚迪 e6 电动汽车行驶中突然感觉转向沉重，组合仪表出现"请检查转向系统"的字样，要求服务站给予维修。

任务接待参见"学习领域 1　汽车维修接待、沟通与管理"的任务 2 和任务 4。

任务准备

9.1　电动汽车转向系统的信息收集

1. 电动汽车转向系统的结构特点

电动汽车转向系统普遍采用电动助力转向系统（EPS，Electric Power Steering）或电动液压助力转向系统（EHPS，Electronic Hydraulic Power Steering）。它们是在传统的液压动力转向系统（HPS，Hydraulic Power Steering）的基础上发展起来的。传统的液压动力转向系统，需要发动机提供动力，不适合 EV，而且不论是否需要转向助力，系统总要处于工作状态，能耗较高。又由于液压泵的压力很大，也比较容易损害助力系统。而电动助力转向系统和电动液压助力转向系统，采用电动泵驱动转向，而不再靠发动机传动带，它所有工作的状态都是由 ECU 根据车辆的行驶速度、转向角度等信号计算出的最理想状态，在低速大转向时，ECU 驱动电子液压泵以高速运转输出较大功率，使驾驶人转向省力；当汽车在高速行驶时，液压控制单元驱动电子液压泵以较低的速度运转，在不至于影响高速打转向的需要同时，节省一部分发动机功率。

2. 电动助力转向系统的结构与工作原理

电动助力转向系统助力油泵主要是由助力电机、ECU 和转矩传感器等组成的（图 9-1）。

电动助力转向系统常采用永磁式直流电机，额定电压为12V。较简单的电机正反向和转矩控制电路如图9-2所示。图中 a_1、a_2 为触发信号输入端，触发信号由ECU根据转向信号提供。当 a_1 端得到高电位触发信号时，晶体管 VT_3 导通，同时 VT_2 得到基极电流导通，电流经 VT_2 电机 M 和 VT_3 形成回路，使电机正转，同理当 a_2 端得到触发信号时，将使电机反转。ECU控制触发信号电流的大小即可控制通过电机的电流大小及助力矩的大小。在需要最大转向助力时，晶体管将工作在饱和导通状态；当需要较小转向助力时，晶体管将处于非饱和导通状态。

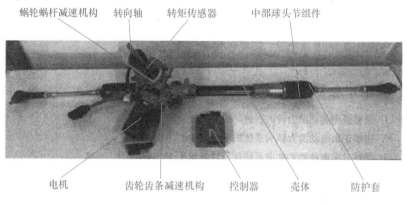

图9-1　电动助力转向系统的组成

转矩传感器一般由扭力元件（扭力弹簧）和电测元件组成，分为无触点电磁感应式扭力传感器和有触点滑动电阻式转矩传感器。由两个带孔圆环、线圈、线圈盒及电路板组成。它获得转向盘上操作力大小和方向信号，并把它们转换为电信号，传递到电动助力转向系统控制器。两个带孔圆环一个安装在输出轴上，另一个安装在输入轴上。当输入轴相对输出轴转动时，电路板计算出输入轴相对于输出轴的旋转方向和旋转量。当转动转向盘时，转矩被传递到扭力杆，输入轴和输出轴之间出现角度偏差，电路板检测出角度偏差及方向，通过计算得到转矩大小和方向并转换为电压信号传递到电动助力转向系统控制器中。

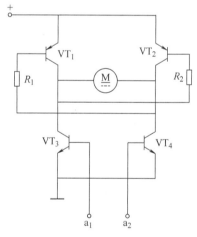

图9-2　较简单的电机正反向和
转矩控制电路

电动助力转向系统的工作原理如图9-3所示。

1）当点火开关处于ON档，ON档继电器吸合后电动助力转向系统开始工作。

2）当电动助力转向系统正常工作时，电动助力转向系统根据接收来自整车控制的车速信号、唤醒信号及来自转矩传感器的转矩信号等进行综合判断，以控制电动助力转向系统助力电机的转矩、转速和方向。

3）转向控制器在供电200ms内完成自检后，可以与CAN总线交换信息，供电300ms后输出470帧（转向故障和转向状态上报帧）。

4）当电动助力转向系统检测到故障时，通过CAN总线或硬线向整车控制器发送故障信

息，并采取相应的处理措施。

　　电动助力转向系统的助力作用受 ECU 控制，在低速转向时的助力作用最强，随着车速的升高助力作用逐渐减弱，当车速达到一定时，ECU 停止向电机供电，转向变为完全由驾驶人人力操纵。由此可见，电动助力转向系统在低速转向时，可获得较轻便的转向特性，而在高速转向时，则可获得完全的转向"路感"，具有优越的控制特性，保证车辆的行驶安全。

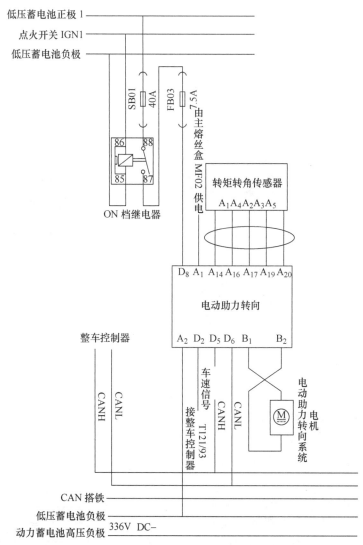

图 9-3　电动助力转向系统的工作原理

3. 电动液压助力转向系统的结构与工作原理

　　以比亚迪 e6 电动汽车为例，其电动液压助力转向系统主要由转向盘、转向管柱及万向节总成、转角传感器、防尘罩、液压助力转向器、转向管路、转向油罐、电动助力转向油泵及支架组成。相对于传统的液压动力转向系统，其转向油泵是由 ECU 控制、电机带动工作的。部分机构如图 9-4 所示。

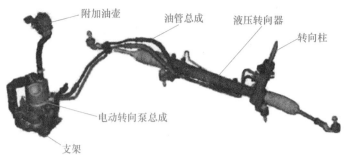

图 9-4　比亚迪 e6 电动汽车电动液压助力转向系统

电动转向泵总成是电动液压助力转向系统的关键部件，主要由齿轮泵、电机和 ECU 组成（图 9-5）。

图 9-5　比亚迪 e6 电动汽车电动转向泵总成

电动液压助力转向系统的基本工作原理如图 9-6 所示。

当汽车直线行驶时，转向盘不转动，泵以很低的速度运转，大部分工作油经过转向阀流回油罐，少部分经液控阀直接流回油罐。

当驾驶人开始转动转向盘时，ECU 根据检测到的转角、车速以及电机的反馈信号等，判断汽车的转向状态，向驱动单元发出控制指令，使电机产生相应的转速，以驱动泵，进而输出相应流量和压力的高压油。液压油经转向阀进入齿条上的液压缸，推动活塞以产生适当的助力，协助驾驶人进行转向操纵，从而获得理想的转向效果。

因为助力特性曲线可以通过软件来调

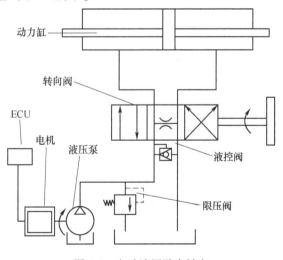

图 9-6　电动液压助力转向系统的基本工作原理

节，所以该系统可以适合多种车型。在 ECU 中，还有安全保护措施和故障诊断功能。当电机电流过大或温度过高时，系统将会限制或者切断电机的电流，避免故障的发生；当系统发生故障（如蓄电池电压过低、转角传感器失效等）时，系统仍然可以依靠机械转向系统进行转向操纵，同时显示并储存其故障码。

ⓘ温馨提示 比亚迪电动汽车转向系统组成视频参见教学资源9.1 。

9.2　比亚迪 e6 电动汽车转向沉重故障的分析

根据比亚迪 e6 电动汽车结构原理，转向沉重故障的可能原因如图 9-7 所示。

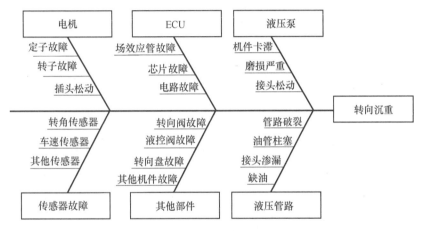

图 9-7　转向沉重故障的可能原因

转向系统除转向沉重故障外，常见故障及其可能原因见表 9-1。

表 9-1　转向系统的常见故障及原因

症状	可能原因	症状	可能原因	症状	可能原因
游隙过大	1）转向节磨损 2）悬架臂球头节磨损 3）中间轴、滑动节叉磨损 4）前轮轴承磨损 5）转向器故障	回位不足	1）轮胎充气不当 2）前轮定位不正确 3）转向管柱弯曲 4）转向器故障	异常噪声	1）动力转向油少 2）转向节磨损 3）动力转向泵有故障 4）转向器有故障

9.3　电动转向沉重的维修计划与设备、材料准备

1. 维修计划

1）外部直观检查。

2）采用仪器设备检测。

3）确定故障原因和零部件。

4）针对存在问题进行拆装维修。

2. 维修设备与材料准备

维修设备与材料见表 9-2。

表 9-2　维修设备与材料

名　　称	数　量	名　　称	数　量
比亚迪 VDS1000 诊断系统	1 台	手套、抹布等	1 批
汽车万用表	1 台	电工胶布等	2 卷
常规拆装工具	1 套	工作台	1 台
电动转向系统配件	1 套		

任务实施

9.4　比亚迪 e6 电动汽车转向沉重故障的检查

1. 外部直观检查

观察液压管路有无破损，管接头有无松动或油渍，各电器插头是否松动，是否有不正常的噪声。发现问题，及时排除。

2. 转向盘自由行程检查

1）停车且轮胎朝向正前方。

2）轻摇转向盘，检查转向盘的自由行程（图 9-8），转向盘最大自由行程为 30mm。

3. 用仪器设备进行故障诊断

1）检查蓄电池电压。用万用表检查，标准电压值为 11 ~14V，如果电压值低于 11V，在进行下一步之前请充电或更换蓄电池。

图 9-8　转向盘自由行程的检查

2）检查连线是否正常。高压回路连接（含配电箱、维修开关、电池包和 DC 输入插接件）和低压回路（低压插接件），发现故障及时排除。

3）用比亚迪 VDS1000 诊断系统读取 DC-DC 故障码（设备结构原理及其使用方法见任务 3），故障码见表 9-3。

DC-DC 是一种在直流电路中将一个电压值的电能变为另一个电压值的电能的装置，如比亚迪 e6 的 DC-DC 负责将动力蓄电池 316.8V 高压转换成 12V 电源，供给整车用电器，包括电动液压助力转向系统电机使用，并且在低压电池亏电时给低压电池充电。

表 9-3　DC-DC 故障码

DC-DC（1）模块			DC-DC（2）模块		
故障码	故障描述	可能发生部位	故障码	故障描述	可能发生部位
P1DA0	输出 1 号电压故障（保留）	DC-DC	P1E00	输出 1 号电压故障（保留）	DC-DC
P1DA1	输出 2 号电压故障（保留）	DC-DC	P1E01	输出 2 号电压故障（保留）	DC-DC
P1DA2	DC（1）输出过电压	DC-DC	P1E02	DC（2）输出过电压	DC-DC
P1DA3	DC（1）输出欠电压	DC-DC	P1E03	DC（2）输出欠电压	DC-DC
P1DA4	DC（1）输出过电流	DC-DC	P1E04	DC（2）输出过电流	DC-DC
P1DA5	DC（1）散热器过温	DC-DC、冷却系统	P1E05	DC（2）散热器过温	DC-DC、冷却系统

（续）

DC-DC（1）模块			DC-DC（2）模块		
故障码	故障描述	可能发生部位	故障码	故障描述	可能发生部位
P1DA6	DC（1）输入过电压	动力蓄电池	P1E06	DC（2）输入过电压	动力蓄电池
P1DA7	DC（1）输入欠电压	动力蓄电池、高压配电箱、高压线	P1E07	DC（2）输入欠电压	动力蓄电池、高压配电箱、高压线
P1DA8	DC（1）输出断路	输出插接件未接	P1E08	DC（2）输出断路	输出插接件未接
P1DA9	DC1、2输出断路	输出插接件未接	U0111	与高压电池管理器通信故障	高压电池管理器、其他动力网模块、低压线束
U0111	与高压电池管理器通信故障	高压电池管理器、其他动力网模块、低压线束			

根据故障码再进一步排查故障。

9.5 比亚迪 e6 电动汽车转向系统维修

1. 维修注意事项

1）更换零件时一定要小心正确操作，不正确的操作更换，可能影响转向系统的性能并且可能导致驾驶事故。

2）安全气囊系统拆卸时应严格按照维修说明书进行，不按正确的次序修理，可能引起安全气囊在维修过程中意外打开，可能导致严重的事故。

3）在转向系统更换零件后要按照要求进行标定。

2. 转向油管总成的更换

（1）断开转向油管与油罐的连接

1）用吸油泵吸出转向油罐内的转向液。

2）断开回油管、转向泵进油软管与转向油罐的卡箍连接（图 9-9），断开时务必在断开点下方放置好废旧抹布及接收废液的容器。

（2）拆卸前副车架

（3）转向油管与转向器分离

1）拆分油管管夹与转向器、油泵支架、前副车架的连接（图 9-10）。

2）依次松开低压油口和高压油口（图 9-11），将油管从油口中抽出。（注意：油管与转向器分离时会有转向液从接口处流出，分离前在车架下方铺放废旧抹布吸收废液。）

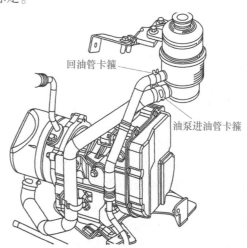

图 9-9 断开转向油管与油罐的连接

（4）转向油管与转向泵分离 拆除高压管与油泵联接的螺栓，拆除高压管与电机联接的螺栓（图 9-12）。拆除吸油管与油泵连接的卡箍（图 9-13）。

（5）安装 按照拆卸相反的顺序进行安装，注意各螺钉的拧紧力矩。

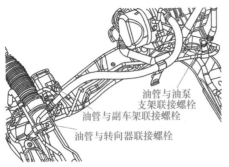

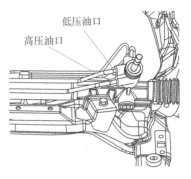

图 9-10　拆分油管管夹与转向器、油泵支架、
　　　　　前副车架的连接

图 9-11　松开低压油口和高压油口

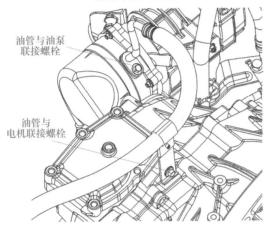

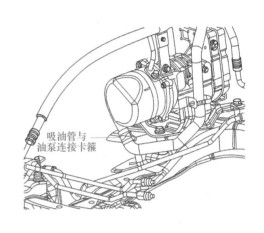

图 9-12　拆除高压管与电机联接的螺栓

图 9-13　拆除吸油管与油泵连接的卡箍

（6）加注转向液　加注转向液到油罐刻度线后，反复打转向到极限位置，油罐液面下降后再加注转向液至油罐刻度线 MAX 和 MIN 范围内。

3. 转向油泵总成的更换

1）转向油泵的拆卸。断开转向油罐与转向油罐的卡箍连接，拆卸前副车架，断开转向油管与转向油泵的连接。

2）拆除转向油泵与支架的安装螺母（图 9-14），取出转向油泵。

3）转向油泵的安装。按照拆卸相反的顺序进行安装，注意螺钉的拧紧力矩。

4）加注转向液。加注转向液到油罐刻度线后，反复打转向到极限位置，油罐液面下降后再加注转向液至油罐刻度线 MAX 和 MIN 范围内。

4. 转向油罐总成的更换

1）断开转向油管与油罐的连接卡箍，拆除转向油罐与支架的安装螺栓（图 9-15）。

2）转向油罐的安装。按照拆卸相反的顺序

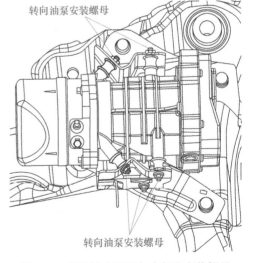

图 9-14　拆除转向油泵与支架的安装螺母

进行安装，注意螺钉的拧紧力矩。

3）加注转向液。加注转向液到油罐刻度线后，反复打转向到极限位置，油罐液面下降后再加注转向液至油罐刻度线 MAX 和 MIN 范围内。

5. DC-DC 的拆装

1）拆卸维修前准备。将点火开关拧至 OFF 档，拔掉紧急维修开关，蓄电池断电，放掉冷却系统冷却液，拆卸 DC 和空调驱动器总成冷却管路。

2）断开高压电缆。断开 DC 输入、充电器输入、空调驱动器输入三合一插接件，断开空调驱动输出 1 插接件和 2 插接件。

3）拆卸 DC 和空调驱动器总成。断开 DC 和空调驱动器总成上五个插接件，拆卸 DC 前端两个螺栓和后端一个螺母，卸下 DC 和空调驱动器总成，如图 9-16 所示。

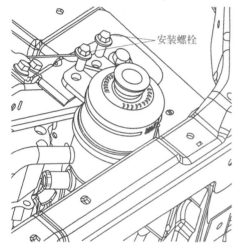

图 9-15　拆除转向油罐与支架的安装螺栓

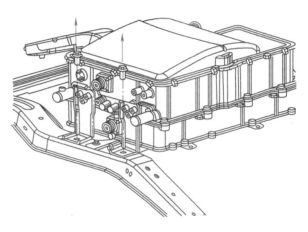

图 9-16　DC 和空调驱动器总成的拆装

4）按照拆卸相反的顺序安装 DC 和空调驱动器总成。

任务总结

1）电动汽车转向系统普遍采用电动助力转向系统或电动液压助力转向系统。它们采用电动泵驱动转向，由 ECU 根据车辆的行驶速度、转向角度等信号计算出的最理想工作状态，具有省力、节能和结构简单等特点。

2）电动汽车转向油泵主要是由助力电机、ECU 和相关转矩传感器组成的。

3）电动汽车转向沉重故障的可能原因除传统的机械故障外，有电器插接件未插好、电路不良、油泵电机损坏、油泵损坏、相关传感器和控制器故障等。对于电动液压助力转向还要考虑液压油管泄漏等问题。

4）DC-DC 是一种在直流电路中将一个电压值的电能变为另一个电压值的电能的装置。如比亚迪 e6 的 DC-DC 负责将动力蓄电池 316.8V 高压转换成 12V 电源，供给整车用电器，包括电动液压助力转向系统电机使用，并且在低压电池亏电时给低压电池充电。

5）电动转向系统的拆装主要有转向油管总成、转向油泵总成、转向油罐总成的更换和DC-DC 的拆装。

作 业

完成"学习工作页"9.1~9.8各项作业。

任务 10　电动汽车制动踏板硬的故障诊断与维修

学习目标

1. 掌握电动制动系统的结构特点
2. 熟悉电动制动系统的结构原理
3. 学会电动制动系统的常见故障检测与诊断
4. 能够进行电动制动系统的拆装更换
5. 培养良好的职业道德与安全、环保意识

任务接受

客户报修：比亚迪 e5 纯电动汽车，买了半年了，有一天行驶时突然觉得制动踏板踩不动，车子刹不住，差点追尾。

任务接待参见"学习领域1　汽车维修接待、沟通与管理"的任务2和任务4。

任务准备

10.1　电动汽车制动系统的信息收集

1. 电动汽车制动系统总体组成与结构特点

以比亚迪 e5 纯电动汽车为例，制动系统总体组成如图 10-1 所示。

由图 10-1 可见，与传统汽车不同的是在真空助力器部分，传统汽车制动系统可以从发动

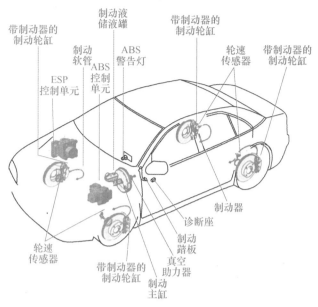

图 10-1　比亚迪 e5 电动汽车制动系统的组成

机处获得真空源，从而让真空助力器为驾驶人提供辅助作用，而电动汽车是靠电机驱动的。

2. 比亚迪 e5 电动汽车制动助力系统的组成

比亚迪 e5 电动汽车制动助力系统主要由制动真空助力器、真空软管、压力传感器、真空助力电机（电动真空泵）和主控制器等组成，如图 10-2 所示。

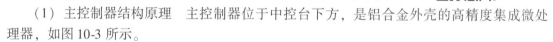

温馨提示　电动汽车制动系统的结构特点视频参见教学资源 10.1 。

（1）主控制器结构原理　主控制器位于中控台下方，是铝合金外壳的高精度集成微处理器，如图 10-3 所示。

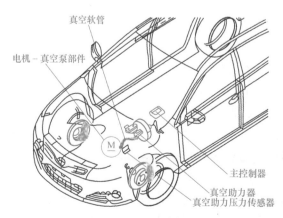

图 10-2　比亚迪 e5 电动汽车制动助力系统的组成

图 10-3　比亚迪 e5 电动汽车主控制器

当汽车刚起动的时候，真空泵压力传感器收集到真空助力泵软管处真空度不足，就会传输信号到主控制器，继而 K3-3 电控真空泵继电器就会通电，助力泵电机开始工作，如图 10-4 所示。

（2）真空助力器　真空助力器一般位于制动踏板与制动主缸之间，其结构如图 10-5 所示。

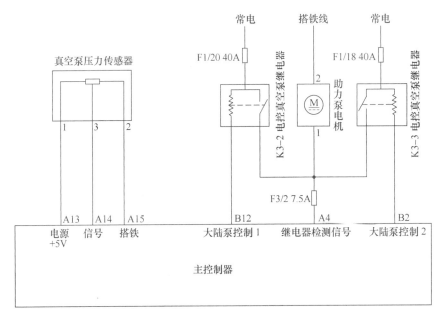

图 10-4　比亚迪 e5 电动汽车主控制器的控制原理

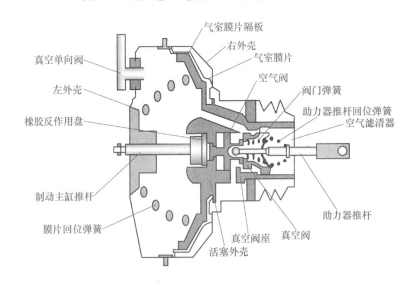

图 10-5　真空助力器

当自然状态时（图 10-6），在阀门弹簧和助力器推杆回位弹簧的共同作用下，真空阀门 A 处于开启状态，而空气阀门 B 处于关闭状态，所以，真空助力器的前后腔是连通的，同时它们都与大气是隔绝的。当汽车制动时，由真空泵产生的真空会将真空助力器的真空阀（即真空单向阀）吸开，此时前后腔气室都处于真空状态。

当中间工作状态时，来自制动踏板的力推动操纵杆向前运动，空气阀也随之运动。使真空阀口 A 关闭，将前后空气室隔离，接着空气阀口 B 打开，大气进入后腔气室，由此产生的前后腔的压差推动膜片、膜板带着活塞外壳向前运动。装配在推杆组件里的橡胶反作用盘同时受到空气阀和活塞外壳的推力作用，再通过制动主缸推杆组件施加在制动主缸的第一活塞上，制动主缸产生的油压一方面传递给制动轮缸，另一方面又作为反作用力通过助力器传回制动踏板，使驾驶人产生踏板感，如图 10-7 所示。

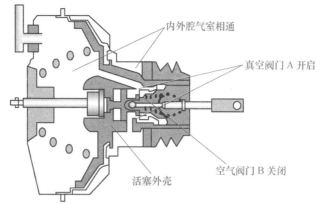

图 10-6　真空助力器的自然状态

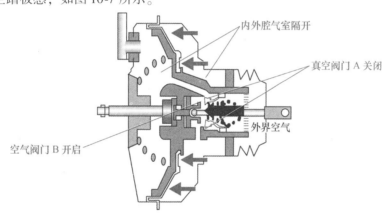

图 10-7　真空助力器中间工作状态

如果制动踏板的力保持不变，在经由橡胶反作用盘传递的制动主缸向后的反作用力和气室膜片＋气室膜片隔板＋活塞外壳＋空气阀＋助力器推杆回位弹簧＋真空阀向前运动趋势的共同作用下，空气阀门 B 关闭，达到平衡状态。此时，任何踏板力的增长都将破坏这种平衡，使空气阀门 B 重新打开，大气的进入将进一步导致后腔原有的真空度降低，加大前后腔的压差。真空助力器的工作过程是一个动平衡的过程，如图 10-8 所示。

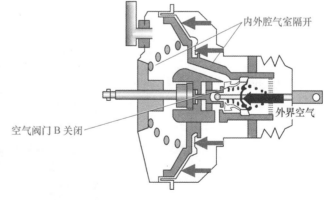

图 10-8　真空助力器保持工作状态

松开踏板，在助力器推杆回位弹簧的作用下，助力器推杆带动空气阀向后运动，首先关闭空气阀门 B，继续运动将开启真空阀门 A，助力器的前后腔连通，真空重新建立。同时，在膜片回位弹簧的作用下，气室膜片 + 气室膜片隔板 + 活塞外壳组件回到初始位置，真空助力器处于自然状态，如图 10-9 所示。

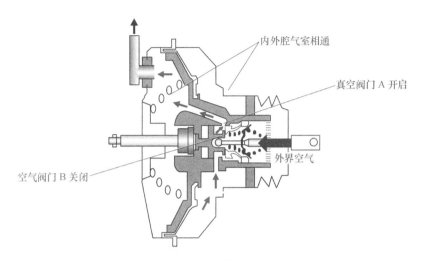

图 10-9　真空助力器解除制动状态

（3）真空助力压力传感器　真空助力压力传感器测量真空管路中的真空，给主控制器提供真空压力的模拟电压值，传感器类似于发动机的进气压力传感器，由主控制器提供 5V 电源，1 脚和 2 脚（图 10-10）分别为传感器的 +5V 和搭铁，3 号脚为传感器给主控制器的压力信号线，电压值随压力升高而降低。

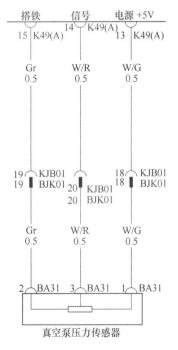

图 10-10　真空压力传感器

（4）电动真空泵　电动真空泵（图 10-11）一般安装在真空助力器后面，采用车载电源提供动力，有效地提高了整车的制动性能。

电动真空泵由电机和叶片泵组成（图 10-12）。电机是用来驱动叶片泵的，由于离心力的作用，叶片贴着滚圆的圆形内壁被压向外部方向，由于滚圆的偏心作用，叶片泵的进气侧与排气侧的容量就不同了，进气侧的容量增大，排气侧的容量减小，于是流入吸气室，并由叶片送往泵出口，真空助力器接口处就产生了真空度。

（5）电动真空泵供电继电器　电动真空泵供电继电器安装在前舱真空泵附近，由主控制器给继电器提供负极线圈控制（图 10-4），

图 10-11　电动真空泵

当主控制器内部接通继电器线圈负极回路，继电器吸合，继电器接通电动真空泵正极，此时电动真空泵工作，如图 10-13 所示。

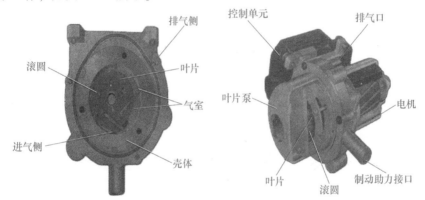

图 10-12　真空助力泵

图 10-13　电动真空泵供电继电器

3. 比亚迪 e5 电动汽车制动助力系统的工作原理

比亚迪 e5 电动汽车制动助力系统的工作原理如图 10-14 所示，制动的三个状态见表 10-1。

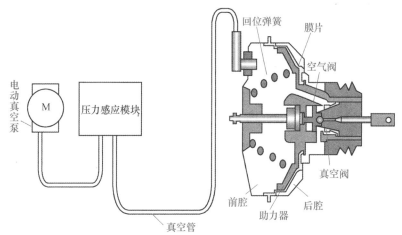

图 10-14　比亚迪 e5 电动汽车制动助力系统的工作原理

表 10-1　比亚迪 e5 电动汽车制动助力系统的工作状态

当未踩下制动时	空气阀封闭，后腔与大气之间隔闭，而真空阀打开，前腔与后腔之间连通，此时前腔和后腔的气压均等于进气管压力，膜片在回弹弹簧力下回位，电动真空泵不起作用
当踩下制动时	首先真空阀先封闭，前腔和后腔隔闭；之后空气阀打开，后腔与大气相通。在压力差下，推动膜片移动，实现将驾驶人踩的力增大，实现助力作用
当维持制动时	当踩住制动踏板不动后，空气阀由打开变为封闭，后腔与大气隔闭，真空助力泵膜片即不能前进也不能后退，处于维持制动力状态

10.2　比亚迪 e5 电动汽车制动踏板过硬的故障分析

根据比亚迪 e5 制动助力的结构原理分析，故障可能原因如图 10-15 所示。

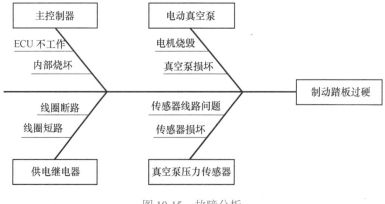

图 10-15　故障分析

10.3　比亚迪 e5 电动汽车制动踏板过硬的维修计划与工具准备

1. 维修计划

1）外部直观检查。

2）采用比亚迪 VDS1000 诊断系统进行故障诊断。

3）采用万用表等一般仪器检查。

4）确定故障的原因和零部件。

5）针对存在的问题进行拆装维修。

2. 维修设备、工具

维修设备与工具见表 10-2。

表 10-2　维修设备与工具

名　　称	数　　量	名　　称	数　　量
比亚迪 VDS1000 诊断仪	1 台	600V 绝缘手套	1 套
汽车万用表	1 台	手套、抹布	1 批
常规拆装工具	1 套	电工胶布	2 卷

任务实施

10.4　比亚迪 e5 电动汽车制动助力系统的故障检查

1. 外观检查

1）直观检查制动助力系统各部件外观是否有损坏。

2）检查管路是否破裂、电器插头是否脱落等现象，并予以排除。

2. 用比亚迪 VDS1000 诊断仪进行故障诊断

起动汽车（钥匙开关至 ON 状态），连续踩下制动踏板，此时汽车仪表盘会显示"请检查制动系统"（图 10-16），而且汽车会不停地发出"嘀嘀嘀"的警告声。连接比亚迪 VDS1000 诊断仪，扫描整车模块，读取故障码。

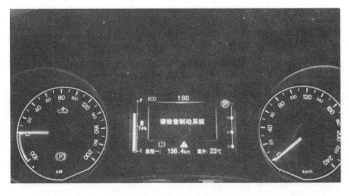

图 10-16　仪表盘显示故障

故障码显示是 B114E00，如图 10-17 所示，对照故障码表（表 10-3），最终确认故障是真空泵系统失效。

图 10-17　比亚迪 VDS1000 故障诊断仪显示的故障码

表 10-3　比亚迪 e5 电动汽车制动助力系统的故障码

故障码	故 障 定 义	故障码	故 障 定 义
B114900	冷却液温度故障	B115A00	真空泵继电器 2 故障
B114E00	真空泵系统失效	B115B00	真空泵继电器 1、2 故障
B114F00	真空泵严重漏气故障	U011000	与电机控制器通信故障
B115000	真空泵一般漏气故障	U016400	与空调通信故障
B115100	真空泵到达极限寿命	B115000	充电口电锁故障
B115900	真空泵继电器 1 故障		

① 温馨提示 比亚迪 e5 制动助力系统故障检测视频参见教学资源 10.2。

3. 用万用表进行测量诊断

如无 VDS1000 诊断仪专用设备，也可以采用万用表进行检测，步骤如下：

1）先测量继电器是否有正极电输入。

2）测量主控制器是否有电源输入。

3）检测压力传感器，用万用表检测真空压力传感器电压端、信号端，对照引脚图如图 10-18 所示和见表 10-4。

低压插接件 1

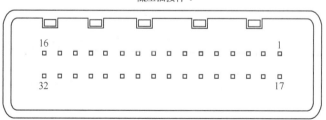

图 10-18　主控制器引脚图

表 10-4　主控制器引脚端口定义

引脚号	端口名称	端口定义	线束接法	信号类型	稳态工作电流	电源性质（比如：常电）
1		空				
2		制动信号输入	制动开关	12V 高电平有效		
3		10in（开关输出预留）				
4		真空泵继电器检测信号	真空泵继电器 1、2 与真空泵 1 号脚的交汇处	高电平有效		
5		空				
6		信号输入（预留）				
7		+5V（预留）				
8		+5V（预留）				
9		信号输入（预留）				
10		空				
11		冷却液温度传感器信号输入	冷却液温度传感器 C 脚	模拟量		
12		冷却液温度传感器信号搭铁	冷却液温度传感器 A 脚	搭铁		
13	DC +5V	真空压力传感器电源	真空压力传感器 1 号脚	5V 电压		
14		真空泵压力传感器信号	真空压力传感器 3 号脚	模拟量		
15	GND	真空压力传感器电源搭铁	真空压力传感器 2 号脚	5V 搭铁		
16	DC +12V	12V 电源	双路电源	电源	300mA	双路电
17		空				

①测量压力传感器的供电电压。使用万用表测量压力传感器的电源正极和电源负极（图 10-19）。若测量结果为 5V，则说明主控制器有 5V 电源提供到压力传感器，供电正常。

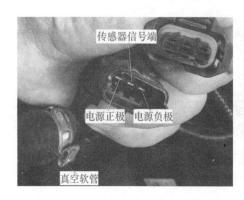
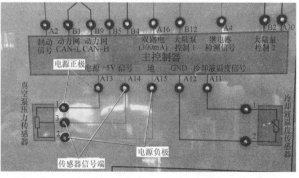

图 10-19　真空助力泵压力传感器电压

②测量传感器信号输出电压。使用万用表测量传感器的信号端与电源负极（图10-19），若真空泵压力传感器输出信号输出端有随压力变化的电压值，信号电压范围是0.6～3.6V，则传感器信号端到主控制器之间为通路状态。真空压力传感器工作正常，无须更换。

4）检测电动真空泵系统。起动汽车，发现电动真空泵不工作，踩下制动踏板，真空泵仍然不工作。检测真空泵供电是否正常，如图10-20所示，检测到有12V的工作电压，故供电正常。真空泵烧坏，需更换电动真空泵。

图10-20　电动真空泵供电电压

10.5　比亚迪 e5 电动汽车电动真空泵维修

根据检查结果，发现故障在电动真空泵，应予以更换。步骤如下：

1. 电动真空泵拆装

1）断开钥匙开关，关闭整车电源。

2）拆卸电动真空泵外接管路。

3）拆卸电动真空泵固定螺钉，取下真空泵，如图10-21所示。

图10-21　电动真空泵的拆卸

4）按照拆卸相反的步骤安装新的电动真空泵。

2. 重新检测

起动汽车，这时会听到电动真空泵工作的声音，当声音停止的时候，深踩几下制动踏板，若再次听到电动真空泵工作的声音则工作正常，此时可以感觉到制动踏板的轻重情况。或者接上解码仪，等待重新读取故障码，无故障码。

任务总结

1）电动汽车制动系统真空助力器是靠电机驱动的，它主要由制动真空助力器、真空软管、压力传感器、真空助力电机（电动真空泵）和主控制器等组成。当驾驶人踩下制动时，真空阀先封闭，前腔和后腔隔闭；之后空气阀打开，后腔与大气相通。在压力差下，推动膜片移动，实现将驾驶人踩的力增大，实现助力作用。

2）制动助力系统的故障检查可以通过外观检查、专用诊断仪或万用表进行检查。

3）经过检测，发现制动踏板硬故障是真空泵系统失效引起的，表现在故障码是B114E00，通过更换真空泵可以排除故障。

作　业

完成"学习工作页"10.1～10.6各项作业。

任务 11　电动汽车过热警告灯亮的故障诊断与维修

学习目标

1. 掌握电动汽车冷却系统的结构特点
2. 熟悉电动汽车冷却系统的结构原理
3. 学会对电动汽车冷却系统的故障检测与诊断
4. 能够进行电动汽车冷却系统的维修
5. 培养良好的职业道德与安全、环保意识

任务接受

客户报修：比亚迪 e5 电动汽车，买了两年多，有一天在加速行驶时仪表盘突然有一红色过热警告灯亮起（图11-1），同时旁边有文字提示"冷却液温度过高，请立即将车辆停靠在安全路段，使电机降温，并建议联系比亚迪汽车授权服务店"的字样，其他地方未感觉有问题。

任务接待参见"学习领域1　汽车维修接待、沟通与管理"的任务2和任务4。

图 11-1　比亚迪 e5 电动汽车过热警告灯亮起

任务准备

11.1　电动汽车冷却系统的信息收集

1. 电动汽车冷却系统的作用与基本结构

电动汽车冷却系统的作用是对易产生热量而过热的电机控制器及电机进行冷却降温。其主要由电动水泵、散热器、电子风扇、副散热器及需要冷却的电机控制器及电机水道等组成，图11-2所示为比亚迪 e5 电动汽车冷却系统的组成。

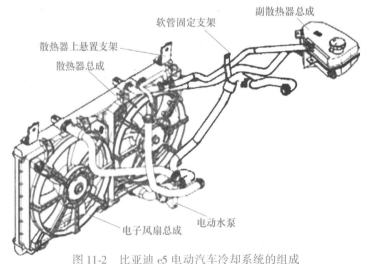

图 11-2　比亚迪 e5 电动汽车冷却系统的组成

传统汽车发动机冷却系统水泵是靠发动机机械驱动的，而电动汽车没有发动机，只能靠电驱动。如图11-3所示，比亚迪 e5 电动汽车的水泵安装在散热器与电机之间，水泵的进水管与散热器下部的管路连接，出水管连至电机控制器的进水口，由电机驱动。

2. 电动汽车冷却系统的工作原理

以比亚迪 e5 电动汽车为例，当冷却系统工作时，水泵将低温的冷却液从散热器下部抽

出（图 11-4），加压后送至电机控制器进水口，经电机控制器冷却水道，输送至电机冷却水道，再到散热器，经冷却后又回到水泵，这就是冷却液的循环路线。当散热器或电机控制器出水口处的冷却液温度过高时，部分高温水汽会进入副散热器，同时副散热器底部冷的冷却液会进入管路中进行补充。

图 11-3　比亚迪 e5 电动汽车的电动水泵　　　　图 11-4　比亚迪 e5 电动汽车冷却系统的工作原理

 温馨提示 比亚迪 e5 电动汽车冷却系统组成及冷却液循环视频参见教学资源

11.1。

11.2　比亚迪 e5 电动汽车冷却液温度过高的故障分析

根据比亚迪 e5 电动汽车冷却系统的结构原理，故障可能原因如图 11-5 所示。

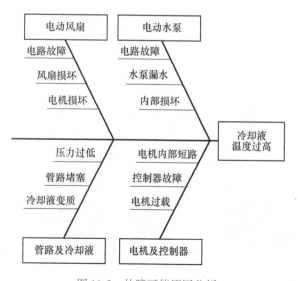

图 11-5　故障可能原因分析

11.3 冷却液温度过高的维修计划与设备、材料准备

1. 维修计划

1）外部直观检查。

2）采用万用表等一般仪器检测。

3）采用比亚迪 VDS1000 诊断系统进行故障诊断。

4）确定故障原因和零部件。

5）针对存在问题进行拆装维修。

2. 维修设备、材料准备

冷却系统维修设备与材料见表 11-1。

表 11-1　冷却系统维修设备与材料

名　称	数　量	名　称	数　量
比亚迪 VDS1000 诊断系统	1 台	1000V 绝缘手套	1 套
汽车万用表	1 台	手套、抹布等	1 批
常规拆装工具	1 套	电工胶布等	2 卷
扭力扳手	1 把	工作台	1 台
压力测试仪	1 把	配合工具	1 个

11.4 比亚迪 e5 电动汽车冷却系统故障检查

1. 外部直观检查

直观检查包括静态直观检查和动态直观检查。静态直观检查是指在未通电的情况下检查冷却系统外部是否有破损、漏液，接头是否有脱落、松动等现象，并予以排除；动态直观检查是指在通电情况下，用手触摸管路，观察是否发热，水泵是否有工作迹象，进行初步的故障判断。

2. 用比亚迪 VDS1000 诊断系统进行故障诊断

若直观检查均正常，可以使用专业诊断系统比亚迪 VDS1000（仪器功能与使用见任务 3）进行检查。

诊断步骤如下：

①检查低压蓄电池电压及整车低压线束供电是否正常。标准电压为 11～14V，如果低于 11V，应进行更换蓄电池或充电或者检查整车低压线束。

②对接好插接线，整车通 ON 档电，进入电机控制器代码诊断，表 11-2。

③针对故障进行调整、维修或更换。

④确认测试，结束。

表 11-2　故障码

序号	故障码	故　障　定　义	序号	故障码	故　障　定　义
6	P1B0500	IPM 散热器过温故障	13	P1B3100	IGBT 过热
8	P1B0700	加速踏板异常故障	14	P1B3200	GTOV 电感温度过高
9	P1B0800	电机过温故障			

若显示电机过温的相应故障码,应对电机进一步测试;若显示如 IGBT 过热等,则应进一步检修电机控制器,若无此类故障码,则应使用万用表检测电动风扇或电动水泵及相应电路。

3. 用万用表进行元件和电路诊断

1）断开水泵插接器,通电,并测量线束端输入电压,两线间应有低压蓄电池电压。

2）测量元件端两针脚阻值,正常应为 10Ω 左右。

3）断开电子风扇插接器,测量线束端控制线至风扇继电器之间的阻值,两端电阻应小于 10Ω。

4）测量元件端两针脚阻值应为 0.7Ω 左右。

 比亚迪 e5 电动汽车冷却系统元件和电路检测视频参见教学资源 11.2。

4. 散热器盖的测试

仍未找到故障点,可进行散热器盖的测试,以检测其密封性。

1）拆下散热器盖,用冷却液润湿其密封圈,然后将它装在压力测试仪上（图 11-6）,使用配合工具安装散热器盖。

2）施加 100 ~ 120kPa 的压力。

3）检查压力是否下降,如果压力降低,更换散热器盖。

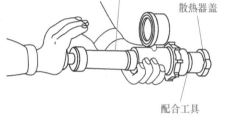

图 11-6　散热器盖的测试

5. 散热器的测试

1）电机冷却以后,小心地拆下电机散热器盖,给散热器注入冷却液,直至注入口顶端。

2）使用一个小的配合件,将压力测试仪（图 11-6）装在散热器上。

3）施加 100 ~ 120kPa 的压力。

4）检查冷却液是否泄漏及压力是否下降。如有及时排除。

11.5　比亚迪 e5 电动汽车冷却系统维修

1. 冷却液的更换

1）通电,并让水泵运行约 5min,然后断电,重复 2 ~ 3 次。用手触摸,确认电机和副散热器等已冷却,拆除副散热器盖。

2）沿逆时针方向慢慢转动副散热器盖,将冷却系统中的残余压力全部释放后取下副散热器盖。

3）拧松放水阀（图 11-7）,排尽冷却液,排净后,旋紧放水阀。

4）将冷却液倒入副散热器,直至达到注入口颈部的底端为止。

5）盖上副散热器盖,并拧紧,通电让水泵运转约 5min,然后将其断电。

6）待电机和副散热器等已冷却,取下副散热器盖,再将冷却液加至注入口颈部的底端。

7）盖上副散热器盖并拧紧,通电让水泵运转约 5min,然后断电。

8）待电机和散热器等已冷却,将冷却液加至副散热器上限。

9）重复 6）~8）步骤，直至不需要再添加为止。

10）盖上副散热器盖。

2. 散热器和风扇的更换

1）排放冷却液系统里的冷却液后拆除散热器上的软管与散热器固定螺栓。

2）断开电子风扇开关插接器。

3）拆除上悬置支架及散热器上横梁，拉起散热器。

4）拆除散热器上的电子风扇总成及其他部件。

5）安装新散热器，确认安装就位且牢固。

6）注入冷却液，排放冷却液中的空气。

3. 电动水泵的拆装与更换

1）拧开散热器放水阀排空冷却液。

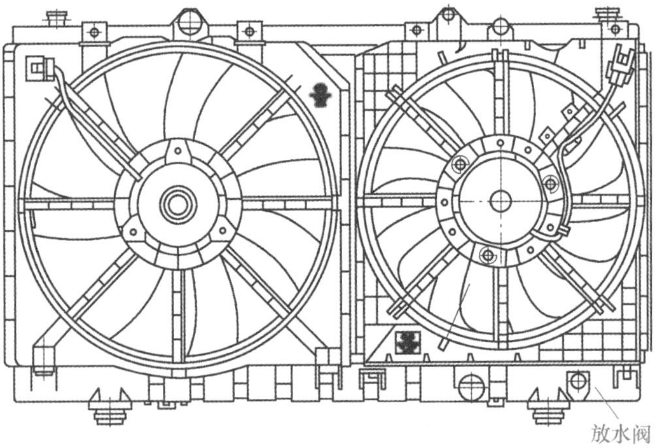

放水阀

图 11-7　放水阀

2）断开水泵插接件并拆下进出水软管。

3）拆下紧固水泵的螺栓。

4）检查清洁水泵及清除溢出的冷却液。

5）安装新水泵。

6）连接水泵进出水软管及水泵插接件，拧紧散热器放水阀。

7）注入冷却液，排放冷却液中的空气。

任务总结

1）电动汽车冷却系统的作用是对易产生热量而过热的电机控制器及电机进行冷却降温。其主要由水泵、散热器、电子风扇、副散热器及需要冷却的电机控制器及电机水道等组成。

2）冷却液循环路线一般是水泵——→散热器下部——→电机控制器——→电机冷却水道——→散热器。若散热器或电机控制器出水口处的冷却液温度过高时，部分高温水汽会进入副散热器，同时副散热器底部冷的冷却液会进入管路中进行补充。

3）冷却系统的故障检查有直观检查、诊断系统进行故障诊断和万用表测量检查几种。

4）冷却系统的维修有冷却液加注、电动水泵更换、散热器更换和软管更换等。

作业

完成"学习工作页"11.1~11.5 各项作业。

模块 5
电动汽车整车控制系统的故障诊断与维修

任务 12　比亚迪 e5 电动汽车无法加速的故障诊断与维修

 **学习目标**

1. 掌握比亚迪 e5 电动汽车高压电控系统的基本作用和总体组成
2. 熟悉比亚迪 e5 电动汽车高压电控系统的结构原理
3. 学会对比亚迪 e5 电动汽车高压电控系统的故障检测与诊断

4. 能够进行比亚迪 e5 电动汽车高压电控系统的维修

5. 培养良好的职业道德与安全、环保意识

任务接受

客户报修：比亚迪 e5 电动汽车，买了两年多，有一天在加速行驶时仪表偶尔有一红色指示灯亮起（图 12-1），同时旁边有文字提示"请检查高压系统"的字样，车辆无法加速行驶，要求维修站给予检验。

图 12-1　红色指示灯

任务接待参见"学习领域 1　汽车维修接待、沟通与管理"的任务 2 和任务 4。

任务准备

12.1　比亚迪 e5 电动汽车结构原理的信息收集

1. 比亚迪 e5 电动汽车总体结构原理

比亚迪 e5 电动汽车由电驱动系统、底盘、车身和辅助电器等组成，基本结构原理与比亚迪 e6 电动汽车类似，其中电驱动系统包含电驱动机构及高压电控系统，本节重点介绍高压电控系统。

2. 比亚迪 e5 电动汽车高压电控系统的结构原理

比亚迪 e5 电动汽车高压电控系统的核心是三个电控总成：高压电控总成、电池管理控制器总成（BMC）和主控制器总成，它们的安装位置如图 12-2 所示。

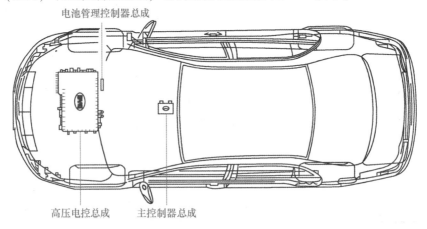

图 12-2　比亚迪 e5 电动汽车高压电控总成和主控制器总成的安装位置

（1）比亚迪 e5 电动汽车高压电控总成的结构原理　高压电控总成俗称四合一，集成了两电平交流逆变式电机控制器模块、车载充电机模块、DC/DC 转换器模块和高压配电模块四个主要高压模块及其他辅助模块。高压电控总成具有以下几个功能：

1）控制高压交/直流电双向逆变，驱动电机正、反向运转，实现充、放电功能。

2）实现高压直流电转化低压直流电为整车低压电气系统供电。

3）实现整车高压电路配电功能以及高压漏电检测功能。

4）直流充电升压功能。

5）CAN 通信、故障处理记录、在线 CAN 烧写及自检等功能。

图 12-3 所示为比亚迪 e5 高压电控总成外部接口示意图，图 12-4 所示为比亚迪 e5 高压电控总成内部结构图。

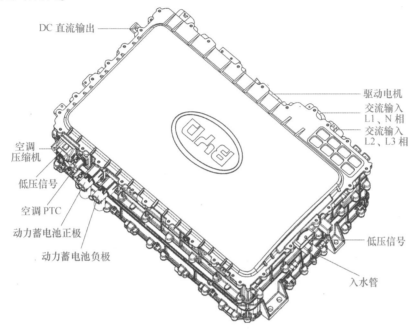

图 12-3　比亚迪 e5 电动汽车高压电控总成外部接口示意图

图 12-4　比亚迪 e5 高压电控总成内部结构图

1）双向交流逆变式电机控制器（VTOG）。VTOG 具有驱动控制和充电控制等功能。

①驱动控制首先是指采集加速、制动、档位和电机旋变信号等控制电机正向、反向驱

动、正、反转发电功能（图12-5）；其次具有高压输出电压和电流控制限制功能，具有电压跌落、过电流、过温、IGBT过温保护、功率限制和转矩限制等功能；另外还具备电控系统防盗、能量回馈控制、主动泄放和被动泄放控制等功能。

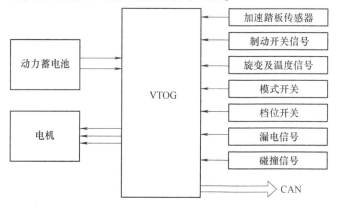

图 12-5　VTOG 控制原理图

②充电控制是指交、直流转换，双向充、放电控制功能，自动识别单相、三相相序并根据充电电流控制充电方式，根据充电设备识别充电功率，控制充电方式，根据车辆或其他设备请求信号控制车辆对外放电等。

2）漏电传感器。本车采用直流漏电传感器监测与动力蓄电池输出相连接的正极或负极母线与车身底盘之间的绝缘电阻，以判断是否存在漏电。当高压系统漏电时，传感器会将漏电数据信息通过 CAN 信号发送给电池管理器及 VTOG，电池管理器接收到漏电信号后会根据漏电情况马上报警或者控制马上断开高压系统（采取的措施见表12-1），防止高压漏电对人或者物品造成伤害和损失。

表 12-1　漏电数据信息与对应措施

R:高压电路正极或负极对车身搭铁等效绝缘电阻值	漏电状态	措　施	
$R > 500\,\Omega/V$	正常	无	
$100\,\Omega/V < R \leqslant 500\,\Omega/V$	一般漏电报警	仪表灯亮,报动力系统故障	
$R \leqslant 100\,\Omega/V$	严重漏电报警	行车中	仪表灯亮,断开主接触器、分压接触器、电池包内接触器和负极接触器
		停车中	禁止通电 仪表灯亮,报动力系统故障
		充电中	断开交流充电接触器、分压接触器、电池包内接触器和负极接触器 仪表灯亮,报动力系统故障

3）高压配电箱。高压配电箱由接触器、霍尔电流传感器和预充电阻等组成。当充放电时，高压配电箱内的接触器均需电池管理控制器控制。

（2）电池管理控制器总成　电池管理控制器总成属于电池管理系统，它同时也是高压

电控系统的一部分。电池管理控制器与三个电池信息采集器连接，在电池管理系统中主要负责充/放电管理、接触器控制、功率控制、电池异常状态报警保护、SOC 计算、自检及通信等。电池管理器系统控制原理图如图 12-6 所示。当单节电池电压过低严重报警时，此时主电机、空调压缩机、PTC 等大功率设备停止供电，延迟 10s 切断主接触器和负极接触器，点亮仪表故障灯，仪表显示报警信息；当单节电池电压稍过低一般报警时，此时大功率设备降低当前电流，即限功率工作，同时仪表显示报警信息。

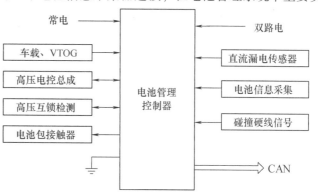

图 12-6　电池管理器系统控制原理图

比亚迪 e5 电动汽车具有高压互锁功能。高压互锁，也指危险电压互锁电路：通过使用电气弱信号，来检查整个高压产品、导线、插接器及护盖的电气完整性（连续性），识别电路异常断开时，及时断开高压电。

高压互锁电路如图 12-7 所示的虚线。当整车发生碰撞时，碰撞传感器发出碰撞信号，触发高压互锁

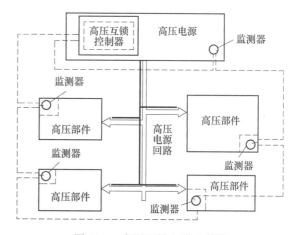

图 12-7　高压互锁电路示意图

断电信号，整车高压电源会在毫秒级时间内自动断开，以保障用户的安全。

（3）主控制器　主控制器总成位于副仪表台，主要用来监测并控制冷却系统、真空泵等的正常工作。主控制器监测着冷却系统温度信号、真空管路的压力等信号，控制冷却系统的高、低速风扇和真空泵工作，保证冷却液温度和真空度处于正常范围。

比亚迪 e5 电动汽车高压电控系统的结构原理视频参见教学资源

12.1 。

12.2　比亚迪 e5 电动汽车无法加速的故障分析

根据比亚迪 e5 电动汽车高压电控系统的结构原理，故障可能原因分析如图 12-8 所示。

12.3　比亚迪 e5 电动汽车高压电控系统维修计划与设备、材料准备

1. 维修计划

1）外部直观检查。

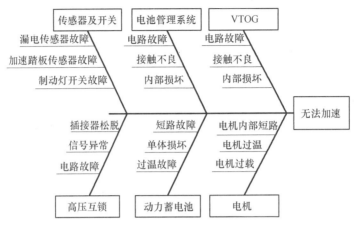

图 12-8　故障可能原因分析

2）采用万用表等一般仪器检测。

3）采用比亚迪 VDS1000 诊断系统进行故障诊断。

4）确定故障原因和零部件。

5）针对存在问题进行拆装维修。

2. 维修设备、材料准备

比亚迪 e5 电动汽车高压电控系统维修设备与材料见表 12-2。

表 12-2　比亚迪 e5 电动汽车高压电控系统维修设备与材料

名　　称	数　　量	名　　称	数　　量
比亚迪 VDS1000 诊断系统	1 台	1000V 绝缘手套	1 套
汽车万用表	1 台	手套、抹布等	1 批
常规拆装工具	1 套	电工胶布等	2 卷
扭力扳手	1 把	工作台	1 台
高压警示牌	1 个	抱装夹具	1 套
电池包举升设备	1 套	放电套装	1 套

12.4　比亚迪 e5 电动汽车高压电控系统故障检查

1. 外部直观检查

直观检查包括静态直观检查和动态直观检查。静态直观检查是指在未通电的情况下检查高压系统外部是否有破损、漏液，插头是否有脱落、松动等现象，并予以排除；动态直观检查是指在通电情况下，试车，观察是否有异响，是否出现客户描述的故障，初定是偶发性故障还是静态故障，进行初步的故障判断，并记录故障详细征兆。

2. 用比亚迪 VDS1000 诊断系统进行故障诊断

若直观检查均正常，可以使用专业诊断系统比亚迪 VDS1000（仪器功能与使用见任务 3）进行检查。具体诊断步骤如下：

①检查低压蓄电池电压及整车低压线束供电是否正常。标准电压值为 11～14V，如果低于 11V，应进行更换蓄电池或充电或者检查整车低压线束。

②对接好插接线，整车通 ON 档电，进入电机控制器代码诊断（表 12-3），若故障在表

中，则进行相应的检查、调整或更换；若故障不在表中，则应进行全面诊断后再进行相应的维修，表 12-4 所示为比亚迪 e5 电动汽车无法加速时电池管理控制器可能的故障码表。

③确认测试，结束。

表 12-3　电机控制器故障码

序号	故障码	故 障 定 义	序号	故障码	故 障 定 义
1	P1B0000	驱动 IPM 故障	13	P1B3100	IGBT 过热
2	P1B0100	旋变故障	14	P1B3200	GTOV 电感温度过高
3	P1B0200	驱动欠电压保护故障	15	P1B3400	电网电压过高
4	P1B0300	主接触器异常故障	16	P1B3500	电网电压过低
5	P1B0400	驱动过电压保护故障	17	P1B3800	可自适应相序保护错误
6	P1B0500	IPM 散热器过温故障	18	P1B3900	交流电压霍尔异常
7	P1B0600	档位故障	19	P1B3A00	交流电流霍尔失效
8	P1B0700	加速踏板异常故障	20	P1B3B00	三相交流过电流
9	P1B0800	电机过温故障	21	P1B4000	GTOV 母线电压过高
10	P1B0900	电机过电流故障	22	P1B4100	GTOV 母线电压过低
11	P1B0A00	电机断相故障	23	P1B4300	GTOV 母线电压霍尔异常
12	P1B0B00	EEPROM 失效故障			

表 12-4　电池管理控制器故障码

编号	DTC	描　述	应检查部位
	P1A0000	严重漏电故障	检查动力电池、四合一、空调压缩机和 PTC
	P1A0100	一般漏电故障	检查动力电池、四合一、空调压缩机和 PTC
53	P1A3400	预充失效故障	检查动力电池、高压配电箱、电机控制器与 DC 总成、空调压缩机和 PTC 和高压线束、漏电传感器
54	P1A3500	动力电池单节电压严重过高	动力电池
55	P1A3600	动力电池单节电压一般过高	动力电池
56	P1A3700	动力电池单节电压严重过低	动力电池
57	P1A3800	动力电池单节电压一般过低	动力电池
58	P1A3900	动力电池单节温度严重过高	动力电池
59	P1A3A00	动力电池单节温度一般过高	动力电池
60	P1A3B00	动力电池单节温度严重过低	动力电池
73	P1A4800	主电机开盖故障	高压电控总成
74	P1A4900	高压互锁自检故障	电池管理器、高压电控总成、低压线束
75	P1A4A00	高压互锁一直检测为高信号故障	电池管理器、高压电控总成、低压线束
76	P1A4B00	高压互锁一直检测为低信号故障	电池管理器、高压电控总成、低压线束
77	P1A4C00	漏电传感器失效故障	漏电传感器、低压线束、电池管理器

（续）

编号	DTC	描　　述	应检查部位
78	P1A4D00	电流霍尔传感器故障	霍尔传感器
79	P1A4E00	电池组过电流警告	整车电流过大、霍尔传感器故障
88	P1A5700	大电流拉断接触器	整车电流过大、霍尔传感器故障
89	P1A5800	放电电路故障（预留）	—
90	P1A5900	与高压电控器通信故障	高压电控总成、低压线束
91	P1A5A00	与漏电传感器通信故障	漏电传感器、低压线束
100	P1A6000	高压互锁故障	电池管理器、高压电控总成、低压线束

3. 用万用表进行元件和电路诊断

不能加速的故障范围非常广，最好的办法是根据故障码来查找故障部位，针对故障的可能性，需要查找相应的电路图，检测传感器或开关、电路及插接器状况、各控制单元的输入、输出信号等。在此以电池管理系统为例说明诊断思路。

电池管理控制器插接器端子如图12-9所示。当检测电池管理控制器电路时，应参考表12-5所示的各端子测量值。

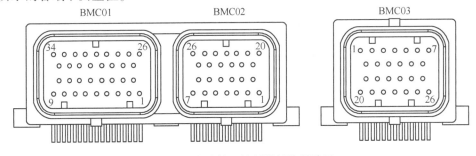

图12-9　电池管理控制器插接器端子

表12-5　电池管理控制器各端子测量值

检测端子	端子含义	检测条件	标准值/V
BMC01-9-GND	主接触器拉低控制信号	整车通高压电	<1
BMC01-10-GND	严重漏电信号	严重漏电	<1
BMC01-14-GND	12V蓄电池正极	ON档/OK档/充电	9～16
BMC01-17-GND	主预充接触器拉低控制信号	预充过程中	<1
BMC01-26-GND	直流霍尔信号	电源ON档	0～4.2
BMC01-27-GND	电流霍尔+15V		9～16
BMC01-28-GND	直流霍尔屏蔽搭铁		

（续）

检测端子	端子含义	检测条件	标准值/V
BMC01-29-GND	电流霍尔 –15V	ON 档/OK 档/充电	–16 ~ –9
BMC01-30-GND	整车低压搭铁	始终	<1
BMC01-31-GND	仪表充电指示灯信号	充电时	
BMC01-33-GND	直流充电正、负极接触器拉低控制信号		<1
BMC01-34-GND	交流充电接触器控制信号	始终	<1
BMC02-1-GND	12VDC 电源正极	电源 ON 档/充电	11 ~ 14
BMC02-4-GND	直流充电感应信号	充电时	
BMC02-G-GND	整车低压低	始终	
BMC02-7-GND	高压互锁输入信号	ON 档/OK 档/充电	PWM 脉冲信号
BMC02-11-GND	直流温度传感器高	ON 档/OK 档/充电	2.5 ~ 3.5
BMC02-13-GND	直流温度传感器低		
BMC02-14-GND	直流充电口 CAN2H		
BMC02-15-GND	整车 CAN1H	ON 档/OK 档/充电	1.5 ~ 2.5
BMC02-16-GND	整车 CAN 屏蔽搭铁		

12.5　比亚迪 e5 电动汽车高压电控系统维修

1. 电机控制器拆装

若确认高压电控总成内部模块有问题，导致车辆不能运行，请按以下步骤拆卸（高压电控总成按照拆卸相反的顺序进行安装）：

1）将车辆退电至 OFF 档，等待 5min。

2）打开前舱盖，用 14 号套筒拆除四合一控制器与前舱大支架之间的 6 个 M10 螺栓。

3）依次拆除四合一上的高低压插接件。

4）拆除四合一冷却进、出水管及排气管管路，并拆除左右两根搭铁线。

5）用抱装夹具将四合一控制器从前舱中抬出。

2. 动力蓄电池的更换流程

若确定动力蓄电池有问题需要维修，请在厂家的指导下更换电池，按以下步骤拆卸更换：

1）将车辆退电至 OFF 档，等待 5min。

2）用举升机将整车举升至合适高度。

3）使用专用的电池包举升设备托住电池包。

4）佩戴绝缘手套，拔下电池包的电池信息采样通信线，然后拔下直流母线插接件。

5）佩戴绝缘手套，使用万用表测试母线电压，有电则需用放电套装放电。

6）使用 M18 的套筒拆卸托盘周边坚固件，卸下动力蓄电池包。

7）佩戴绝缘手套，使用万用表测试等更新动力蓄电池包母线是否有电压输出，没有则可更换装车。

8）佩戴绝缘手套，将新的动力蓄电池包放到电池包举升设备上。

9）调整举升设备的高度和位置，安装动力蓄电池包，安装托盘的坚固件，力矩为135N·m。

10）佩戴绝缘手套，接上动力蓄电池包直流母线插接件，然后接上电池信息采样通信线插件。

11）下降举升机，通电，检测动力蓄电池系统问题是否解决，若无问题，结束。

3. 电池管理器的更换流程

若确认电池管理器有问题，导致车辆不能运行，请按以下步骤拆卸：

1）将车辆退电至 OFF 档，等待 5min。

2）打开前舱盖，拔掉电池管理控制器上连接的动力蓄电池采样线和整车低压线束的插接件，拔掉整车低压线束在电池管理控制器支架上的固定卡扣。

3）用 10 号套筒拆卸电池管理控制器的三个固定螺母。

4）更换电池管理器，插上动力蓄电池采样线和整车低压线束的插接件，确认。

5）用 10 号套筒拧紧电池管理控制器的三个固定螺母。

6）整车通电再次确认问题是否解决，解决则结束。

4. 漏电传感器检修

若读取到漏电传感器失效故障或者与漏电传感器通信故障，可以进行以下操作：

1）拔下漏电传感器低压插接件。

2）用万用表测量 K56-04 和 K56-05 引脚搭铁电压是否为 ±9 ~ ±16V。若正常，则电池管理器供电正常，应是漏电传感器故障，更换漏电传感器。若不正常，需进行 3）。

3）测试电池管理器 K64-19 和 K64-10 是否为 ±9 ~ ±16V，若是，应是线束故障，更换线束，否则更换电池管理器。

i温馨提示 比亚迪 e5 电动汽车高压电控系统的检测维修视频参见教学资源

12.2 。

任务总结

1）比亚迪 e5 电动汽车高压电控系统的核心是三个电控总成：高压电控总成、电池管理控制器总成和主控制器总成。

2）高压电控总成集成了两电平双向交流逆变式电机控制器模块、车载充电机模块、DC/DC 转换器模块和高压配电模块四个主要高压模块及其他辅助模块。高压电控总成具有以下几个功能：①控制高压交/直流电双向逆变，驱动电机运转，实现充、放电功能；②实现高压直流电转化低压直流电为整车低压电气系统供电；③实现整车高压电路配电功能以及高压漏电检测功能；④直流充电升压功能；⑤CAN 通信、故障处理记录、在线 CAN 烧写及自检等功能。

3）双向交流逆变式电机控制器（VTOG）具有驱动控制和充电控制等功能。漏电传感

器负责监测与动力蓄电池输出相连接的正极或负极母线与车身底盘之间的绝缘电阻，以判断是否存在漏电。高压配电箱由接触器、霍尔电流传感器和预充电阻等组成。当充放电时，高压配电箱内的接触器均需电池管理控制器控制。

4）电池管理控制器总成属于电池管理系统，它同时也是高压电控系统的一部分。当单节电池电压过低严重报警时，此时主电机、空调压缩机和 PTC 等大功率设备停止放电，延迟 10s 切断主接触器和负极接触器，点亮仪表故障灯，仪表显示报警信息；当单节电池电压稍过低一般报警时，此时大功率设备降低当前电流，即限功率工作，同时仪表显示报警信息。

5）高压互锁的作用是通过使用电气弱信号，来检查整个高压产品、导线、插接器及护盖的电气完整性（连续性），识别电路异常断开时，及时断开高压电。主控制器用来监测并控制冷却系统、真空泵等的正常工作。

6）高压电控系统的故障检查有直观检查、专用诊断仪器进行故障诊断和万用表测量检查几种。

7）高压电控系统的维修有电机控制器拆卸、动力蓄电池的更换流程、电池管理器的更换和漏电传感器检修等。

作 业

完成"学习工作页"12.1~12.7 各项作业。

任务 13　北汽 EU260 电动汽车无法加速的故障诊断与维修

 学习目标

1. 掌握北汽 EU260 电动汽车的结构与工作原理特点
2. 熟悉整车控制器系统电路原理
3. 学会整车控制器系统的常见故障检测与诊断
4. 能够进行加速踏板故障的拆装维修
5. 培养良好的职业道德与安全、环保意识

 任务接受

客户报修：北汽 EU260 电动汽车行驶了 50 000km。有一天早上行驶的时候突然无法加速，速度保持在低速状态，并发出报警音短鸣，车辆进入跛行状态。

任务接待参见"学习领域 1　汽车维修接待、沟通与管理"的任务 2 和任务 4。

 任务准备

13.1　北汽 EU260 电动汽车的信息收集

1. 北汽 EU260 电动汽车的结构与工作原理特点

北汽 EU260 属于电动汽车，总体组成与比亚迪 e6 电动汽车类似，其动力系统基本参数见表 13-1。

表 13-1　北汽 EU260 电动汽车动力系统的基本参数

项　目	参　数	项　目	参　数
动力蓄电池组	标称电压 330V、三元锂电池组、容量 41.4kW·h	最高车速/（km/h）	≥140
电机形式	永磁同步电机	0～100km 加速时间/s	8.9s
最大功率/kW	100	百公里耗电量/（kW·h）	≤16（工况法）
最大转矩/N·m	260	续航里程/km	≥260（综合工况）

ⓘ温馨提示　北汽 EU260 电动汽车外部结构和内饰视频参见教学资源 13.1。

北汽 EU260 电动汽车采用了 e-Motion Drive 超级电机驱动技术。这是北汽新能源的核心技术，提高了核心动力系统的效率，实现了快速均衡充电，同时实现了过充过放、高温高寒等电池寿命保护，延长了电池的使用寿命。

北汽 EU260 电动汽车在使用 60 万 km 之后，电池放电容量仍然能够达到 80% 以上。电池在 2500 次充放循环之后，没有明显衰减。按照每天一次充电，电池也仍然能够使用至少 7 年的时间。如果按照年行驶里程 4 万 km，电动汽车在使用 15 年之后，电池仍然能够有很强的能量供给。这款电动汽车的百公里用电为 16 kW·h。

北汽 EU260 电动汽车使用了"四合一"的大总成模块 PEU（DC-DC、车载充电机、高压控制盒、电机控制器）技术。这种将原本分散布局的各个子系统控制单元，集成在一个大型铝合金箱体，提升了防护级别，其电池防护等级为 IP67，据说这个级别是潜艇级别的国际高标准防漏。在这个标准下，该车的电池包可以承受 1m 水深浸泡 30min 没有问题。涉水深度为 30cm。

电动汽车的安全还包括一项电磁辐射。一般的电动汽车在介绍时很少讲到这个问题。北

汽 EU260 电动汽车在这个方面也做了功课。这款电动汽车的电磁辐射只有手机的 1/10，这是因为这款车上配置了通过欧洲标准的电磁防护等级的动力 ECU。

2. 北汽 EU260 整车控制系统的组成与结构原理

整车控制系统的组成如图 13-1 所示，其能量管理如图 13-2 所示。

图 13-1　整车控制系统的组成

（1）电池控制器　电池控制器通过对电动汽车的电机驱动系统、电池管理系统、传动系统以及其他车载能源动力系统（如空调、电动泵等）的协调和管理，提高整车能量利用效率，延长续航里程，有助于整车能量优化管理。

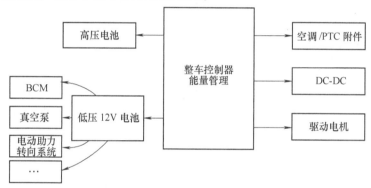

图 13-2　整车控制器能量管理

（2）充电控制器　充电控制器与电池管理系统共同进行充电过程中的充电功率控制，整车控制器接收到充电信号后，应该禁止高压系统通电，保证车辆在充电状态下处于行驶锁止状态，并根据电池状态信息限制充电功率，保护电池，把握充电过程控制。

高压通断电控制是根据驾驶人对行车钥匙开关的控制，进行动力蓄电池的高压接触器开关控制，以完成高压设备的电源通断和预充电控制。通断电流程处理：任务是协调各相关部件的通电与断电流程，包括电机控制器、动力蓄电池管理系统等部件的供电，预充电继电器、主继电器的吸合和断开时间等。

（3）空调控制器等辅助系统　包括电动空调、电制动和电动助力转向。整车控制器应该根据动力蓄电池以及低压电池状态，对 DC-DC、电动化辅助系统进行监控。

（4）仪表控制器　整车控制器应该对车辆的状态进行实时检测，并且将各个子系统的信息发送给车载信息显示系统，其过程是通过传感器和 CAN 总线，检测车辆状态及其动力系统及相关电器附件各子系统状态信息驱动显示仪表，将状态信息和故障诊断信息通过组合仪表显示出来，实现车辆状态的实时监测和显示。

（5）电机控制器作用原理（图 13-3）　电机控制器主要是根据驾驶人对车辆的操纵输入（加速踏板、制动踏板以及选档开关）、车辆状态、道路及环境状况，经分析和处理，向

VMS（虚拟内存系统）发出相应的指令，控制驱动电机的驱动转矩来驱动车辆（图 13-3），以满足驾驶人对车辆驱动的动力性要求，同时根据车辆状态，向 VMS 发出相应指令，保证安全性和舒适性。

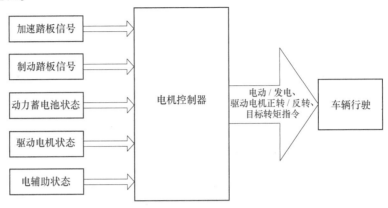

图 13-3　电机控制器作用原理

3. 北汽 EU260 电动汽车整车控制原理

在整车的网络管理中，整车控制器是信息控制的中心，负责信息的组织与传输、网络状态的监控、网络节点的管理、信息优先权的动态分配以及网络故障的诊断与处理等功能。通过 CAN（EVBUS）线协调电池控制器、电机控制器和空调控制器等相互通信，如图 13-4 所示。

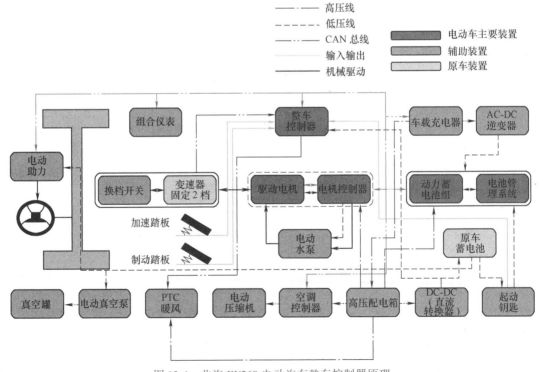

图 13-4　北汽 EU260 电动汽车整车控制器原理

4. 加速踏板控制原理

加速踏板采用两组信号，同时给整车控制器提供信号，让其进行对比。加速踏板控制原理如图 13-5 所示。

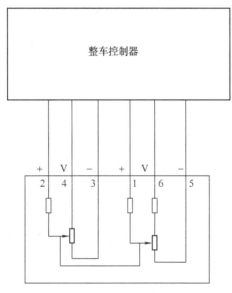

图 13-5   加速踏板控制原理

1—加速踏板传感器信号（1） 2—加速踏板传感器信号（2）

3、5—搭铁线 4、6—输入电源

13. 2   北汽 EU260 电动汽车无法加速的故障分析

根据北汽 EU260 电动汽车整车控制系统的结构原理分析，该故障可能原因如图 13-6 所示。

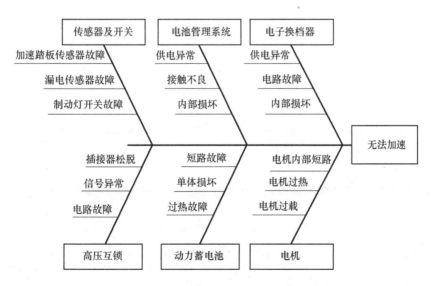

图 13-6   北汽 EU260 电动汽车无法加速的故障分析

若电子换档器故障，汽车无法加速，无法换档，同时仪表盘上的档位灯出现闪烁。根据顾客反映的现象，该故障可能为加速踏板传感器故障。

13.3 北汽 EU260 电动汽车无法加速维修计划与设备、材料准备

1. 维修计划

1）外部直观检查。

2）采用万用表等一般仪器检查。

3）采用故障诊断仪进行故障诊断。

4）确定故障的原因和零部件。

5）针对存在的问题进行拆装维修。

2. 维修设备、工具

维修设备与工具见表 13-2。

表 13-2　维修设备与工具

名　　称	数　量	名　　称	数　　量
故障诊断仪	1 台	600V 绝缘手套	1 套
汽车万用表	1 台	手套、抹布	1 批
常规拆装工具	1 套	电工胶布	2 卷

任务实施

13.4 北汽 EU260 电动汽车无法加速故障检查

1. 外部直观检查

1）检查加速踏板插接件是否锈蚀。

2）检查线束是否断开或插接件未插。

3）检查电路是否老化或短路。

2. 用故障诊断仪进行故障诊断

故障诊断步骤如下：

1）连接诊断仪如图 13-7 所示。

2）选择对应车型及系统，进入整车控制器的数据流界面，选择所需的数据选项，单击"确定"。

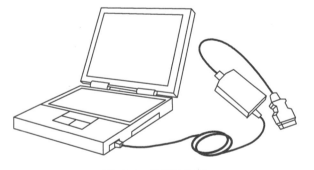

图 13-7　故障诊断仪

3）对选定的数据进行路试监控，看数据中加速踏板信号和加速踏板信号检验变化，来确定具体故障原因见表 13-3。

表 13-3　故障码

故障码	P060D1C	P060D64	P078001
故障名称	加速踏板信号错误	加速踏板信号校验错误	档位故障

3. 用万用表进行终端诊断

1）电子换档器检测方法。用万用表检测电子换档器各端子（图 13-8）的电压和电流，与标准值（表 13-4）进行比较。

2）加速踏板检测方法。检测加速踏板传感器 1 信号（图 13-5）：节气门开度从 0 ~ 100% 变化，用万用表直流电压档测量插件 4 号端子与搭铁之间应有 0.74 ~ 4.8V 的电压，否则检查传感电源和搭铁线，如果输入电源和搭铁线正常，则为传感器内部故障。

检测加速踏板传感器 2 信号：节气门开度从 0 ~ 100% 变化，用万用表直流电压档测量插件 6 号端子与搭铁之间应有 0.37 ~ 2.4V 的电压，否则检查传感电源和搭铁线，如果传感器输入电源和搭铁线正常，则为传感器内部故障。

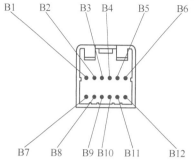

图 13-8　电子换档器引脚图

表 13-4　电子换档器各端子的检测

序　号	功能定义	电压/V			电流/mA
		最小值	正常值	最大值	
B1	电源供电	6.50	12.00	19.00	500.00
B2	相位信号 1	—	4.72/0.35	—	1.00
B3	相位信号 2	—	4.72/0.35	—	1.00
B4	相位信号 3	—	4.72/0.35	—	1.00
B5	相位信号 4	—	4.72/0.35	—	1.00
B6	电源搭铁端	—	—	—	500.00
B7	背光灯电源	0.00	12.00	—	50.00
B8	备用	—	—	—	—
B9	背光灯搭铁端	—	—	—	50.00
B10	转向盘换档拨片插接件脚 1(未采用)	—	—	—	—
B11	转向盘换档拨片插接件脚 2(未采用)	—	—	—	—
B12	备用	—	—	—	—

13.5　北汽 EU260 电动汽车无法加速的维修

根据检查结果，发现加速踏板传感器信号故障，应予以更换。步骤如下：

1）先断开点火开关，关闭整车电源。

2）拆卸加速踏板传感器外部连线，如图 13-9 所示。

3）拆卸加速踏板传感器。

4）按拆卸相反的顺序安装新的加速踏板传感器。

5）重新起动车辆，仪表不再点亮 MIL 灯，报警音（短鸣）也清除。挂上档位，显示正常，汽车行驶时不再进入跛行工况。

图 13-9　加速踏板传感器

任务总结

1）北汽 EU260 电动汽车结构的特点是将 DC-DC、车载充电器、高压控制盒和电机控制器整合成一个大总成模块，简称为 PEU。此外整车还包含整车控制器、动力总成系统和动力蓄电池系统等。

2）整车控制器是整车信息控制的中心，负责信息的组织与传输、网络状态的监控、网络节点的管理、信息优先权的动态分配以及网络故障的诊断与处理等功能。

3）加速踏板采用两组信号，同时给整车控制器提供信号，让其进行对比。通过检测加速踏板传感器 1 和 2 的信号，可以判断其好坏。

4）根据检查结果，发现北汽 EU260 电动汽车无法加速的故障在加速踏板传感器信号故障，应予以更换。

5）加速踏板传感器的更换应先断开点火开关，关闭整车电源，拆卸加速踏板传感器外部连线后进行。

作　业

完成"学习工作页"13.1～13.7 各项作业。

任务 14　丰田普锐斯混合动力电动汽车无法行驶的故障诊断与维修

学习目标

1. 掌握混合动力电动汽车的结构特点和基本工作原理
2. 熟悉丰田普锐斯混合动力系统的结构组成
3. 学会丰田普锐斯混合动力系统故障的检测与诊断方法
4. 能够进行丰田普锐斯混合动力系统的维修
5. 培养良好的职业道德与安全、环保意识

任务接受

客户报修：丰田普锐斯混合动力电动汽车车型为 NHW20L，有一天在行驶时，主警告灯、发动机故障灯、VSC 警告灯都点亮，复式显示屏上混合动力电动汽车系统故障警告标志由绿色变成红色，提示混合动力电动汽车系统有故障，并且还发现混合动力电动汽车电池的充电状态降到下极限位置，车辆无法行驶。

任务接待参见"学习领域 1 汽车维修接待、沟通与管理"的任务 2 和任务 4。

任务准备

14.1 混合动力电动汽车（HEV）的信息收集

1. 混合动力电动汽车动力系统的基本结构与工作原理

（1）HEV 总体组成 HEV 是能够至少从消耗的燃料和可再充电电能储存装置两类车载存储的能量中获得动力的汽车，本书如无特殊说明，主要指从内燃机和动力蓄电池获得动力，其总体组成如图 14-1 所示，主要由动力蓄电池、内燃机、发电机、驱动电机、控制器等组成。动力蓄电池和内燃机是 HEV 的动力源，驱动电动机用于将动力蓄电池的电能转化为机械能，驱动车辆行驶。发电机将内燃机的机械能转换为电能向动力蓄电池

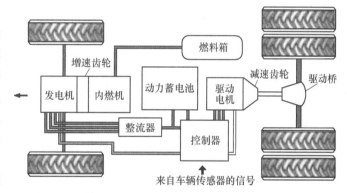

图 14-1 混合动力电动汽车总体的组成

充电，也可以直接提供给电动机。控制系统实施对动力蓄电池、内燃机及驱动电机进行管理和控制。

（2）混合动力电动汽车基本工作原理（图 14-2） 在车辆行驶之初，动力蓄电池处于电量饱满状态，其能量输出可以满足车辆要求，内燃机不需要工作，动力蓄电池输出的直流电经控制器供入驱动电机，驱动电机输出的转矩经减速齿轮、传动轴及驱动桥驱动车轮。

当动力蓄电池电量低于一定值时，发动机在控制器控制下自动起动，为驱动电机提供能量，同时还给动力蓄电池进行充电。

当车辆能量需求较大时，比如上坡或加速，内燃机与动力蓄电池同时为汽车提供能量，驱动车辆行驶。

当车辆减速或制动时，内燃机与动力蓄电池都停止对外供给能量，在控制器的控制下，电机转换为发电机，回收减速和制动能量，向动力蓄电池充电。

起步·低速	通常行驶	急加速·上坡	减速·制动	停车时
主要依靠电动机和电能	通过控制驱动电动机和内燃机，实现最低油耗行驶	为得到更大的功率输出同时使用驱动电机和内燃机	利用车轮转动发电，给动力蓄电池充电	内燃机和发电机均自动停止，不消耗汽油和电能

图 14-2　混合动力电动汽车工作原理

2. 混合动力电动汽车分类

（1）按照混合度分　混合度是指电机的输出功率占整车输出功率中的比例，即

$$H = \frac{P_{\text{电机}}}{P_{\text{整车}}} \times 100\%$$

混合动力电动汽车可分为弱混、中混和强混三种，其特征见表 14-1。

表 14-1　不同混合程度电动汽车主要特征

类型	主要特征	节油率
弱混	$H \leq 10\%$，具有 Start-Stop 功能和能量回收功能	5%～10%
中混	H 值在 10%～25% 范围内，具有 Start-Stop 功能、能量回收功能、智能充电和电机助力	10%～25%
强混	$H \geq 25\%$，具有 Start-Stop 功能、能量回收功能、智能充电和短距离纯电动行驶功能	25%～40%

表中所提"Start-Stop"是一种"怠速启停"系统，它能在内燃机怠速时自动关闭内燃机，再次起动时利用电动机快速起动，以节省燃料和减少排放。

（2）按照外部充电能力分　分为可外接充电式混合动力汽车和不可外接充电式混合动力汽车。可外接充电式混合动力汽车在正常使用条件下可以从非车载装置中获得电能。插电式属于此类，其动力蓄电池可以使用外部电源充电，容量比纯电动的小、但大于普通油电混合汽车，内燃机只是作为后备动力来源，在电池电量耗尽时才启用。也就是说插电式混合动力电动汽车主要适合城市道路，作为一辆上班下班用的通勤车，可以达到节能减排目的，它是重度混合车的一种。不可外接充电式混合动力汽车在正常使用条件下从车载燃料中获取全部能量。其电池容量很小，仅在起/停、加/减速的时候供应/回收能量，不能用纯电模式较长距离行驶，其大部分时间是起动内燃机运行，是一种轻度混合汽车。

（3）按照发动机与电机的连接分　按照发动机与电机的连接分为增程式和普通式。增程式混合动力汽车是一种在纯电模式下可以达到其所有的动力性能，而当车载可充电储能系统无法满足续航里程要求时，打开车载辅助供电装置为动力系统提供电能，以延长续航里程的电动汽车，且该车载辅助供电装置与驱动系统没有传动轴（带）等传动连接。其内燃机直接与电机连接，直接驱动，使内燃机一直处于最佳工作状态，排放小、效率高，而且结构简单，无离合器和变速器。普通式采用了机械动力混合结构，增加了离合器、变速器等部件，结构较复杂，而且内燃机工作范围变宽，不可能运行在最佳工作状态，导致排放和油耗高。

（4）按照动力系统结构形式分　按照动力系统结构形式可分为串联式混合动力汽车（SHEV）、并联式混合动力汽车（PHEV）、混联式（串、并联式）混合动力汽车（CHEV）三种形式。

1）串联式混合动力汽车。车辆的驱动动力只来源于电机的混合动力电动汽车。系统将

内燃机与动力蓄电池串联，共同驱动电机运行，其结构简单，如图 14-3 所示。由于内燃机与驱动车轮之间没有直接的机械连接，内燃机可以不受汽车行驶工况的影响，始终在最佳工作区稳定运行。当汽车正常行驶时，内燃机带动发电机发电，电能被充入动力蓄电池，同时，在控制器的调节下，动力蓄电池供给驱动电机电能，使驱动电机运转，通过变速器或减速器驱动车轮前进；在汽车低负荷运转时，内燃机发出的功率超过驱动车辆的需要，多余的电能向动力蓄电池充电；在汽车高负荷运转时，电能来自两部分，即内燃机的发电机和动力蓄电池，内燃机的最高输出功率要受到驱动电机功率的限制。串联式混合动力电动汽车特别适用于在市区低速运行的工况，汽车在起步和低速时还可以关闭内燃机，只利用动力蓄电池提供驱动功率，达到零排放要求。

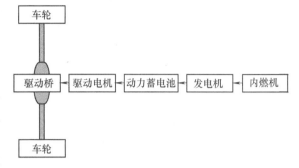

图 14-3　串联式混合动力汽车结构示意图

2）并联式混合动力汽车。车辆的驱动力由驱动电机及内燃机同时或单独供给的混合动力电动汽车。混合动力系统中的内燃机和电机两套驱动系统以并联形式共同驱动车辆，如图 14-4 所示。车辆可以由内燃机单独驱动、电力单独驱动或者一起协调工作共同驱动。当内燃机提供的功率大于驱动汽车所需要的功率或者制动能量回收时，驱动电机工作在发电状态，将多余的能量充入动力蓄电池；当内燃机发出的功率小于驱动电动汽车所需要的功率时，电机利用动力蓄电池提供的能量与内燃机共同驱动，达到汽车所需要的功率；当汽车在起步和低速时，可以只利用动力蓄电池提供驱动功率，电机起"调峰"作用，因此并联式混合动力系统可以在比较复杂的工况下使用，应用范围比较广。由于内燃机与驱动车轮之间的直接机械连接，提高了能量转化的效率。并联系统的结构紧凑，比较适用于轿车，如本田 Civic 等电动汽车就是采用并联。但并联混合动力系统的传动系统较为复杂，工作模式较多，控制系统复杂。

3）混联式混合动力汽车。同时具有串联式和并联式驱动方式的混合动力汽车（图 14-5），综合了串联式和并联式混合动力电动汽车的结构特点，与串联式相比增加了机械动力的传递路线，与并联式相比增加了电力驱动路线，具有串联式与并联式的优点，但其结构复杂，成本高，控制也更加困难，内燃机-驱动电机组与动力蓄电池之间的匹配要求比较严格，应能根据汽车行驶需要和蓄电池情况，智能起动或关闭内燃机-驱动电机组，如图 14-5 所示。

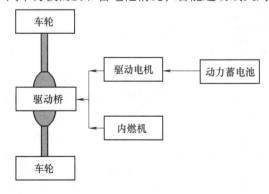

图 14-4　并联式混合动力汽车结构示意图

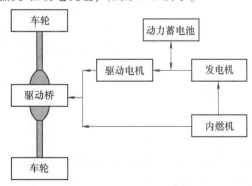

图 14-5　混联式混合动力汽车结构示意图

3. 普锐斯混合动力系统的结构与工作原理

（1）结构　图14-6所示为丰田普锐斯（PRIUS）第三代混合动力系统，包括内燃机和电机驱动两部分，本节主要介绍电机驱动部分。电机驱动部分由动力蓄电池、带转换器的逆变器、发电机、驱动电机、动力管理控制ECU等组成。

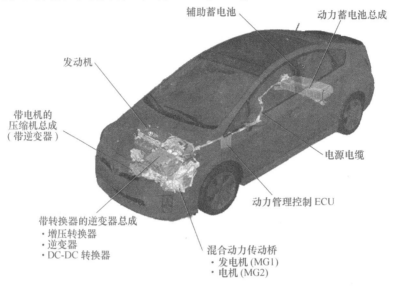

图14-6　丰田普锐斯第三代混合动力系统

1）动力蓄电池。动力蓄电池安装在行李箱，它为一密封型镍氢电池，该电池包括28个模块（图14-7），每个模块又由6个单格组成，由于每个单格的电压是1.2V，所以总电压为：1.2V×6格×28块＝201.6V。当放电时，电流最大可达125A。如图14-8所示，动力蓄电池内部除了电池，还有继电器、蓄电池智能单元、维修塞和电池冷却鼓风机等部件。

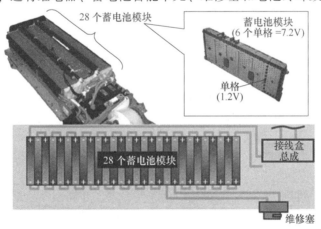

图14-7　动力蓄电池模块

动力蓄电池内部有三个主继电器（图14-9），用于接通或切断高压电，同时保护接触器的触点。当动力蓄电池电路接通时，主接触器SMRB和主接触器SMRP先闭合，由于SMRP电路接入电阻器，可控制接通电流，之后，主接触器SMRG工作而主接触器SMRP关闭，可以使SMRG电路中的触点避免受到强电流造成伤害。

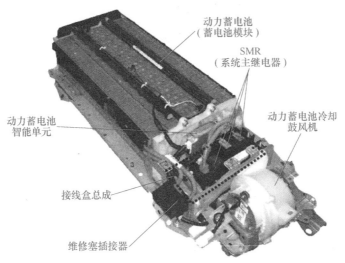

图 14-8 动力蓄电池

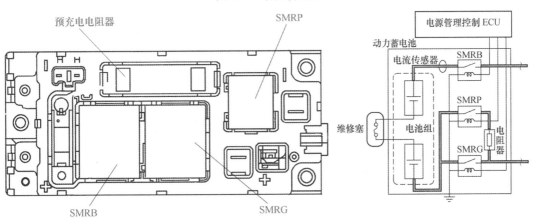

图 14-9 动力蓄电池内部接触器

2）电机-发电机组 MG1 和 MG2。它们安装在驱动桥内，用来驱动车辆、发电和提供再生制动。由内燃机驱动的 MG1 产生高压电，对动力蓄电池充电并供电以驱动 MG2，此外，

通过调节发电量（改变发电机转速），MG1有效地控制传动桥的无级变速功能，同时MG1还可作为起动机来起动内燃机。在再生制动过程中，MG2将车辆的动能转换为电能，并储存到动力蓄电池内。

MG1 和 MG2 为交流永磁同步电机，结构原理如图 14-10 所示，所使用的转子含有V 形布局的高磁力永久磁铁，可最大程度地产生磁阻转矩。定子由低铁心耗损的电磁钢板和可承受高压的电机绕组线束制成。电机采用带水泵的冷却系统冷却。

当三相交流电经过定子线圈的三相绕

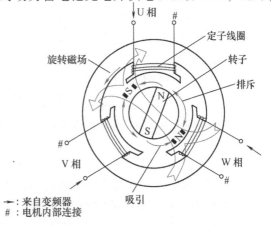

图 14-10 交流永磁同步电机的工作原理

组时，电机-发电机组内产生旋转磁场，转子中的永久磁铁受到旋转磁场的吸引而产生转矩，通过控制旋转磁场与转子磁铁的角度，可以有效地产生大转矩和高转速。

MG1 和 MG2 的工作原理如图 14-11 所示。IPM 内的 IGBT 在 ON 和 OFF 之间切换，为电机提供三相交流电，基本原理与 BEV 类似。

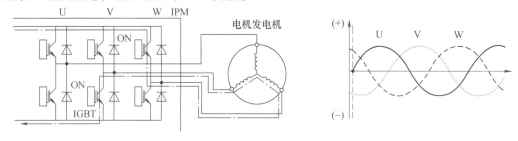

图 14-11 MG1 和 MG2 的工作原理

3）带转换器的逆变器。如图 14-12 所示，逆变器总成内部为多层结构，主要由电容、智能动力模块、电抗器、MG ECU、DC/DC 转换器组成。

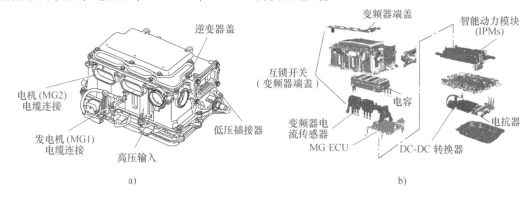

图 14-12 逆变器总成
a）外观 b）内部结构

变频器的工作原理如图 14-13 所示。增压转换器将动力蓄电池额定电压从 201.6V 的直流增高为最高 650V 的直流，反之可将 650V 的直流降低为 201.6V 的直流。逆变器将来自增压转换器的直流电转换为用于 MG1 和 MG2 的交流电，反之也可以将电动机或发电机发出的交流电转换成直流电。DC/DC 转换器负责将动力蓄电池额定电压从 201.6V 的直流降低为大约 14V 的直流，为低压电气部件提供电力，并为辅助蓄电池再充电。MG ECU 根据自动力管理控制 ECU 的信号控制逆变器和增压转换器，从而使 MG1 和 MG2 作为内燃机或电机运行。

4）HEV CPU 也称为动力管理控制 ECU，它负责执行混合动力系统的综合控制。具体有以下功能：

①接收来自各传感器及 ECU（ECM、MG ECU、蓄电池控制单元等）的信息，并基于这些信息，计算出所需的转矩及输出功率，动力管理控制 ECU 将计算的结果发送到其他 ECU。

②监视 HEV 动力蓄电池的 SOC。

③控制 DC/DC 转换器、HEV 水泵和动力蓄电池冷却鼓风机等。

（2）工作原理 如图 14-14 所示，普锐斯混合动力系统工作时，HEV CPU 根据汽车工

况，控制动力蓄电池输出高压电，同时也和逆变器建立通信联系，将201.6V的直流电进行增压，再经逆变器转换成三相交流电，驱动电机运行。

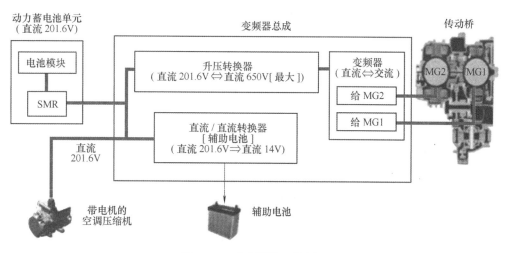

图14-13 变频器的工作原理

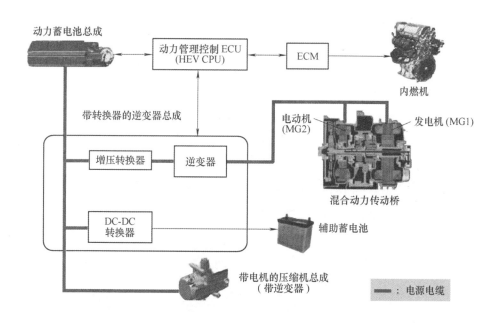

图14-14 普锐斯混合动力系统的工作原理

图14-15和图14-16所示为动力分配行星轮组的连接图。从图上可看出，丰田普锐斯动力组件上有两套行星轮组件：动力分配行星组件和电机减速行星组件。前者分配动力，后者主要是起到减速作用。从图上可看出，动力分配行星组件的行星架与内燃机相连，太阳轮与发电机（MG1）相连，齿圈输出动力，电机减速组件的太阳轮则与电机（MG2）相连，行星架固定，齿圈与动力分配行星组件的齿圈固连，可一起输出动力。

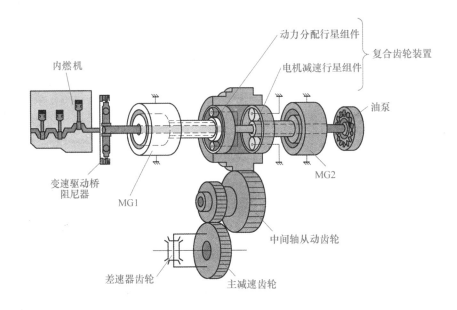

图 14-15 动力分配行星轮组

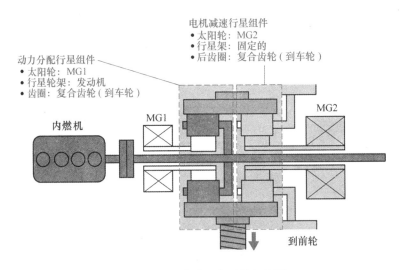

图 14-16 动力分配行星轮组简图

　　根据行驶工况的不同，HEV CPU 会控制内燃机、电机、发电机或其他子系统相互协调地工作，以满足具体工况的需求。图 14-17 所示为纯电动模式，此时动力蓄电池向 MG2 供电，从而提供驱动前轮的动力；图 14-18 所示为内燃机与电机混合驱动的模式，此时内燃机通过行星轮驱动前轮时，也同时驱动 MG1，以将产生的电力提供给 MG2；图 14-19 所示为充电模式，此时是动力蓄电池亏电，内燃机通过行星轮带动 MG1，对动力蓄电池进行充电；图 14-20 所示为能量回馈模式，此时车辆是减速或制动状态，前轮的动能被回收并转换为电能，通过 MG2 向动力蓄电池再充电。

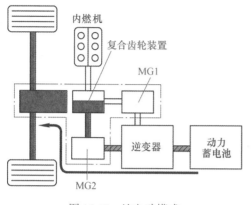

图 14-17　纯电动模式

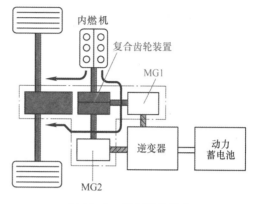

图 14-18　混合驱动模式

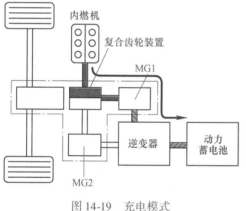

图 14-19　充电模式

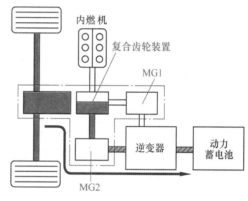

图 14-20　能量回馈模式

⊕温馨提示 普锐斯电动汽车动力系统结构原理视频参见教学资源 14.1。

14.2　普锐斯汽车无法行驶的故障分析

根据丰田普锐斯电动汽车混合动力系统的结构原理，故障可能原因分析如图 14-21 所示。

14.3　普锐斯混合动力系统维修计划与设备、材料准备

1. 维修计划

1）外部直观检查。

2）采用万用表等一般仪器检测。

3）采用丰田 TIS 诊断系统进行故障诊断。

4）确定故障原因和零部件。

5）针对存在的问题进行拆装维修。

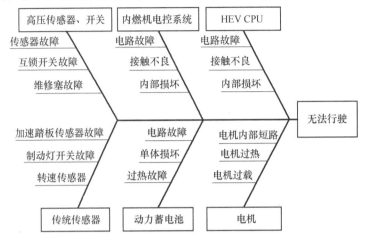

图 14-21　故障可能原因分析

2. 维修设备、材料准备

普锐斯电动汽车混合动力系统维修设备与材料见表 14-2。

表 14-2　普锐斯电动汽车混合动力系统维修设备与材料

名　称	数　量	名　称	数　量
丰田 TIS 诊断系统	1 台	1000V 绝缘手套	1 套
汽车万用表	1 台	手套、抹布等	1 批
常规拆装工具	1 套	电工胶布等	2 卷
扭力扳手	1 把	工作台	1 台
绝缘工具	1 套	示波器	1 台

任务实施

14.4　普锐斯混合动力系统故障检查

1. 动力控制系统检测注意事项

1）检查高压系统务必采取安全措施，佩戴绝缘手套，拆下维修塞把手，放在自己口袋中。以防别人拿到插上，造成触电事故。

2）拆下维修塞把手后至少等待 10min 放电。

3）拆下高压插接器后，要用绝缘胶带缠绕插接器，以防接触异物。

4）动力系统重新激活时注意将电源开关置于 OFF 位置后，从辅助蓄电池负极端子上断开电缆前需要等待一定时间。

5）断开微处理器 AMD 端子前，务必从辅助蓄电池负极端子上断开电缆，并用绝缘胶带缠绕 AMD 端子。

6）应认真阅读车辆维修手册，尤其要熟悉动力系统控制电路的组成原理（图 14-22 所示为丰田普锐斯动力控制系统的部分电路）。

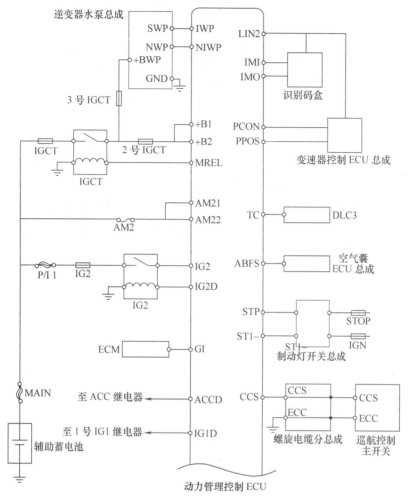

图 14-22　丰田普锐斯动力控制系统的部分电路

2. 外部直观检查

直观检查包括静态直观检查和动态直观检查。静态直观检查是指在未通电的情况下检查高压系统外部是否有破损、漏液，插头是否有脱落、松动等现象，并予以排除；动态直观检查是指在通电情况下，试车，观察是否有异响，是否出现客户描述的故障，初定是偶发性故障还是静态故障，进行初步的故障判断，并记录故障详细征兆。

3. 用丰田 TIS 诊断系统进行故障诊断

（1）丰田 TIS 诊断系统（图 14-23）

（2）丰田 TIS 诊断系统功能

①储存和传送车辆数据。

②无线或有线车辆诊断。

③可同时查看监控状态的结果和细节，同时进行当前故障码、历史故障码查询。

④可进行车辆的重新编程。

（3）丰田 TIS 诊断系统一般流程

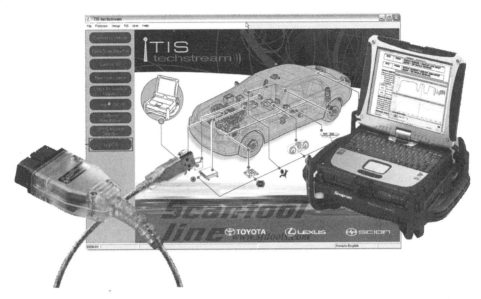

图 14-23　丰田 TIS 诊断系统的外观

1）车辆送入维修车间。

2）客户故障分析。

3）将智能检测仪连接到诊断接口 DLC3，电源开关置于 ON（IG）档，打开智能检测仪，如果检测仪上显示指示有通信故障，则检查 DLC3。

4）检查故障码（DTC）并保存定格数据。

提示：①确保定格数据，因为必须用这些数据进行模拟测试。

②混合动力车辆控制系统有许多 DTC，其中一些可能由于单个故障而储存。因此，一些诊断程序中提供了说明，以检查其他 DTC 和与其相对应的 INF 码。通过根据输出 DTC 和 INF 代码的组合遵循诊断路径，可尽早缩小故障范围并避免不必要的诊断。

5）清除 DTC 和定格数据。

6）进行目视检查。

7）确认故障症状。

提示：如果内燃机不起动，则首先执行步骤 9）和 11）。结果若未出现故障请转至第 8）步，出现故障则转至第 10）步。

8）再现产生症状的条件。

9）检查 DTC。有 DTC 输出则转至第 10）步，无则转至第 11）步。

10）请参考 DTC 表。

提示：使用智能检测仪上的相同菜单显示混合动力控制系统和混合动力蓄电池系统的 DTC。有必要时检查混合动力控制系统和混合动力蓄电池系统的 DTC 表。

11）进行基本检查。如结果未确认故障零件则转至第 12）步，确认则转至第 15）步。

12）检查 ECU 电源电路。如结果未确认故障则进入第 13）步，确认则转至 16）步。

13）进行电路检查。如结果未确认故障则进入第 14）步，确认则转至 16）步。

14）检查是否存在间歇性故障。如结果未确认故障则进入第 15）步，确认则转至 16）步。

15）进行零件检查。

16）识别故障。

17）调节和/或维修。

18）进行确认测试。

19）结束。

4. 用其他仪器进行故障诊断

可以采用万用表或示波器进行故障的辅助诊断和深入检测。图 14-24 所示为采用示波器检测的普锐斯电机解析器信号波形。

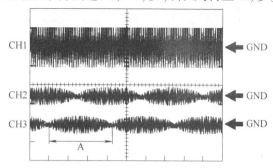

图 14-24 采用示波器检测的普锐斯电机解析器信号波形

14.5 普锐斯汽车无法行驶的故障诊断维修

1. 故障诊断

丰田 TIS 诊断系统一般流程，将诊断仪连接到诊断插座 DLC3 上，接通点火开关（IG ON），打开诊断仪电源，在系统选择屏幕上，进入菜单"Powertrain/Hybrid Control/DTC"，读到的故障码为 P0A93/346 和 P0A37/260，故障码含义见表 14-3，并保存上述两个故障码的定格数据。

表 14-3 故障码及含义

故障码	故 障 内 容	故障可能发生部位
P0A93	变频器冷却系统故障（冷却液泵故障）	电动冷却液泵导线或插接器，带电机的冷却液泵总成，冷却风扇电机，2 号冷却风扇电机，带功率转换器的变频器总成
P0A37	驱动电机温度传感器电路范围/性能	混合动力车辆驱动电机，变速驱动桥油泄漏，变速器驱动桥总成

查看两个故障码的定格数据，发现与正常运行的数据比较有明显的偏差，如变频器 MG1 输出的工作温度 107℃（正常值为 50~65℃），变频器 MG2 输出的工作温度 86℃，最高达到 102℃（正常值为 50~70℃）。基本上确定了故障产生的范围是变频器散热系统故障。而故障码 P0A37 只是提示变频器散热系统故障影响到驱动桥内 MG2 工作温度偏高。

检查变频器散热系统冷却液储液罐内的冷却液，冷却液采用的是丰田纯牌超级长效冷却液（SLLC），且冷却液液位正常；检查冷却液软管，没有发现有破裂、弯曲和堵塞；检查电动冷却泵上的导线插接器，连接良好；接通点火开关（IG ON），测量电动冷却液泵电机的工作电压，为 12.5V，正常，但此时却没有发现电动冷却液泵运转，冷却液在储液罐内没有循环。因此，判断故障原因是变频器散热系统的电动冷却液泵损坏，造成冷却液不能在变频器与变速驱动桥之间循环冷却，使变频器工作温度过高。

2. 故障排除

1）拆卸电动冷却液泵外部电气连接和机械连接，取下电动冷却液泵。

2）更换新的电动冷却液泵并安装。

3）试车。

结果：变频器工作温度降到了正常值，仪表各项显示均正常，故障排除。

任务总结

1）混合动力电动汽车（HEV）动力系统主要由动力蓄电池、内燃机、发电机、驱动电机和控制器等组成。

2）混合动力电动汽车（HEV）在动力蓄电池处于电量饱满状态，其能量输出可以满足车辆要求，发动机不需要工作；当动力蓄电池电量低于一定值时，内燃机在控制器控制下自动起动，为驱动电机提供能量，同时还给动力蓄电池进行充电；当车辆能量需求较大时，内燃机与动力蓄电池同时为汽车提供能量，驱动车辆行驶；当车辆减速或制动时，内燃机与动力蓄电池都停止对外供给能量，在控制器的控制下，电动机转换为发电机，回收减速和制动能量，向动力蓄电池充电。

3）混合动力电动汽车（HEV）按照混合度可分为弱混、中混和强混三种，按照外部充电能力可分为可外接充电式混合动力汽车和不可外接充电式混合动力汽车。按照发动机与电机的连接可分为增程式和普通式，按照动力系统结构形式可分为串联式、并联式和混联式三种形式。

4）丰田普锐斯电机驱动部分由动力蓄电池、带转换器的逆变器、发电机、电机和动力管理控制 ECU 等组成。

5）丰田普锐斯混合动力系统的故障检查方法有直观检查、TIS 诊断设备智能检测、万用表测量检查和示波器检测几种。

6）本任务"无法行驶"的故障是由于电动冷却液泵损坏引起的。

作 业

完成"学习工作页"14.1～14.7各项作业。

任务15　比亚迪秦混合动力电动汽车无法切换 EV 的故障诊断与维修

学习目标

1. 掌握比亚迪秦混合动力电动汽车的结构与工作原理特点
2. 熟悉整车动力系统的基本组成与原理

3. 学会整车控制系统的常见故障检测与诊断

4. 能够进行驱动电机控制器与 DC 总成的拆装维修

5. 培养良好的职业道德与安全、环保意识

任务接受

客户报修:比亚迪秦混合动力电动汽车买了三年了,行驶了 70 000km。有一天满电开出去几百米,车就强制进入混合动力模式,手动切换回 BEV 模式没用,只能靠内燃机介入工作。

任务接待参见"学习领域 1　汽车维修接待、沟通与管理"的任务 2 和任务 4。

任务准备

15.1　比亚迪秦混合动力电动汽车的信息收集

1. 比亚迪秦混合动力电动汽车的结构与工作原理特点

(1) 结构特点　比亚迪秦混合动力电动汽车 100 (图 15-1) 由内燃机与纯电动两大部分组成,内燃机采用 BYD476ZQA 电控汽油机,纯电动与前述的 EV 类似,动力蓄电池采用三元锂电池、容量更大、更安全。其动力系统主要参数见表 15-1。

(2) 工作原理特点　比亚迪秦混合动力电动汽车搭载了比亚迪汽车公司最新的 DM (双模 Dual Mode 的简写,意思是 EV 以及混合动力两种驱动模式) 二代混合动力系统,有如下两种工作模式:

1) EV(应是纯电动)模式。如图 15-2 所示,在 EV 工作模式下,动力蓄电池提供电能,以供电机驱动车辆,可以满足各种工况行驶,如起步、倒车、怠速、急加速和匀速行驶等。

图 15-1　比亚迪秦 100

表 15-1　比亚迪秦混合动力电动汽车动力系统基本参数

项　目	参　数	项　目	参　数
动力蓄电池组	标称电压 501.6V、三元锂电池、容量 23kW·h	最高车速/(km/h)	185
驱动电机形式	交流永磁同步电机	0~100km/h 加速时间/s	5.9
电机最大功率/kW	110	综合工况油耗/(L/100km)	1.2
电机最大转矩/N·m	200	等速法纯电续航里程/km	100
内燃机排量/L	1.5	发动机额定功率/kW/r·min^{-1}	113/5200

2) HEV（混合动力）模式。

①当用户从"EV"模式切换到"HEV"（混合动力）模式后，车辆由发动机和电机共同驱动（图15-3），实现了最佳的动力性，但仍能保证混合动力系统具有良好的经济性。

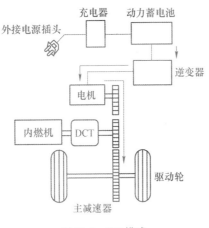

图 15-2　EV 模式

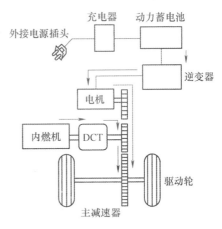

图 15-3　HEV 模式 1

②当电量不足时，系统从"EV"模式自行切换到"HEV"模式，使用内燃机驱动，在车辆以较稳定的速度行驶时，内燃机输出的一部分转矩会驱动电机进行发电，对动力蓄电池进行充电如图15-4所示。

③当电量不足或高压系统故障时，可单独使用内燃机驱动，实现了高压系统的独立性，如图15-5所示。

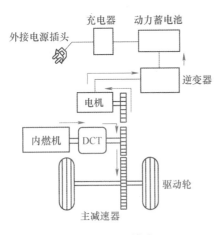

图 15-4　HEV 模式 2

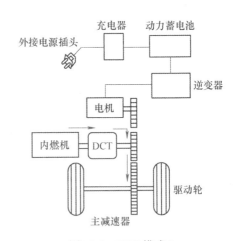

图 15-5　HEV 模式 3

ℹ温馨提示　比亚迪秦混合动力电动汽车的基本结构原理参见教学资源15.1。

2. 比亚迪秦混合动力电动汽车整车控制系统的组成与电路原理

整车控制系统的组成如图15-6所示。

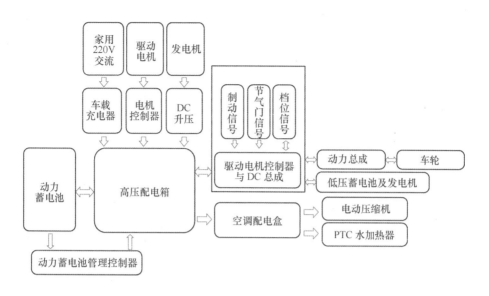

图 15-6　整车控制系统的组成

1）P 位电机控制器。其基本结构原理与 BEV 类似，不再赘述。

2）主控制器。比亚迪秦混合动力电动汽车的主控制器也叫作档位控制器（图 15-7）。采用先进的线控换档系统，该系统消除了变速杆与变速器之间的机械连接，通过电控方式来

选择前进档、倒档、空档和驻车档。档位信号由档位控制器总成进行采集及处理，档位控制器在布置时靠近档位执行器总成，避免因线束过长导致信号不稳的现象。换档完毕后，变速杆可以自动回正，可以减小误操作。

在 EV 模式下，驾驶人操纵变速杆，档位控制器接收到变速杆的信号并传递到电机控制器，电机控制器接收到的档位信号，再控制电机转速或旋转方向，如图 15-8 所示。

在 HEV（混合动力）模式下，驾驶人操纵变速杆，档位控制器接收到变速杆的信号并传递到电机控

图 15-7　档位控制器

制器，电机控制器接收到的档位信号，再控制电机转速或旋转方向，还传送档位信号给 DCT 变速器，变速器接到档位信号后，控制内部电磁阀改变档位，动力传递到车轮，从而控制汽车的工作状态，如图 15-9 所示。

3）驱动电机控制器与 DC 总成电机控制器是电机的驱动模块。主要是对驾驶人操作信息及控制命令进行分析处理，也就是将驾驶人的加速踏板信号和制动踏板信号根据某种规则，转化成电机的需求转矩命令。因而驱动电机对驾驶人操作的响应性能完全取决于整车控制的加速踏板解释结果，直接影响驾驶人的控制效果和操作感觉。

其系统框架如图 15-10 所示。

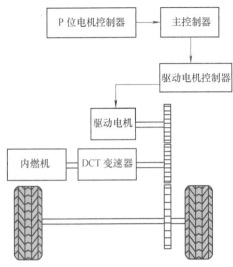

图 15-8　BEV（纯电动）模式控制流程

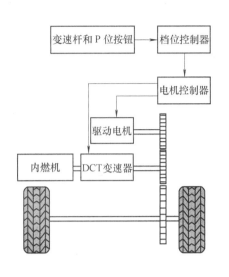

图 15-9　HEV（混合动力）模式控制流程

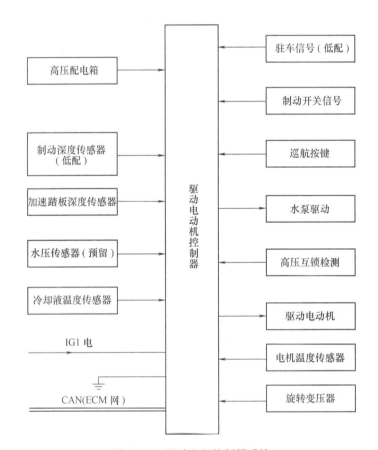

图 15-10　驱动电机控制器系统

　　比亚迪秦混合动力电动汽车驱动电机控制器与 DC 总成是一体的，其端口如图 15-11 所示。

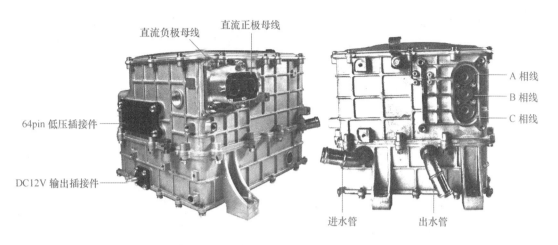

图 15-11　驱动电机控制器与 DC 总成认知

3. 整车控制系统的电路原理

在整车的网络管理中，整车控制系统通过 CAN 线协调电池管理系统、电机控制器和空调系统等模块相互通信，如图 15-12 所示。

图 15-12　整车控制系统工作原理框图

15.2　比亚迪秦混合动力电动汽车无法切换 EV 模式的故障分析

根据比亚迪秦混合动力电动汽车的高压控制原理，该故障可能原因如图 15-13 所示。

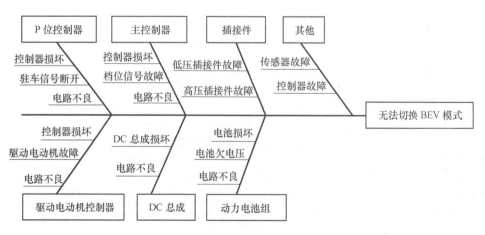

图 15-13　故障可能原因

15.3　比亚迪秦混合动力电动汽车故障维修计划与设备、材料准备

1. 维修计划

1）把车开进维修车间进行混合动力汽车 PDI 检查。

2）检查低压电池电压。

3）采用 VDS1000 诊断仪检测，参考故障诊断表。

4）全面诊断。

5）针对存在的问题进行调整、维修或更换。

2. 维修设备、工具

维修设备与工具见表 15-2。

表 15-2　维修设备与工具

名　称	数　量	名　称	数　量
故障诊断仪（比亚迪 VDS1000）	1 台	600V 绝缘手套	1 套
汽车万用表	1 台	手套、抹布	1 批
常规拆装工具	1 套	电工胶布	2 卷

15.4　比亚迪秦混合动力电动汽车无法切换 EV 模式故障检查

1. 外部直观检查

直观检查动力系统各零部件、控制器外部是否损坏，各高压导线是否损坏，插头是否有脱落、松动和漏液等现象，并予以排除。

2. 用故障诊断仪进行故障诊断

⚠温馨提示 比亚迪秦混合动力电动汽车的故障检测参见教学资源 15.2。

因故障牵连到众多系统，请参照维修手册步骤方法和注意事项进行，下面以驱动电机控制器诊断为例加以说明，其流程如下：

1）把车开进车间，检查动力蓄电池电压及整车低压线束供电是否正常。标准电压为 11～14V，如果低于 11V，应进行更换蓄电池或检查整车低压线束。

2）将诊断仪连接 DLC3 诊断口，如果提示通信错误，则可能是车辆 DLC3 诊断口问题，也可能是诊断仪问题。

将诊断仪连接另一辆车的 DLC3 诊断口，如果可以显示，则原车 DLC3 诊断口有问题，需更换。若不可显示则诊断仪有问题。

3）对接好插接线，整车通 ON 档电，读取故障码，见表 15-3。

表 15-3　驱动电机故障码列表

故障码	故障描述	备注
P1B00	动力电机电流过电流故障	电流超过 600A
P1B01	IPM 保护	硬件 IPM 保护
P1B02	旋变故障	旋变线束松动、旋变器件有故障

（续）

故障码	故 障 描 述	备　　注
P1B03	欠电压保护故障	主接触器吸合后电压低于 330V
P1B04	过电压保护故障	主接触器吸合后电压高于 570V
P1B05	过载保护	电机电流超过设定值
P1B06	断相保护	电机三相电流断相
P1B07	加速踏板信号 1 回路故障	加速踏板故障,加速踏板 1、2 出错或互校出错
P1B08	加速踏板信号 2 回路故障	
P1B0B	碰撞保护	检测到碰撞信号
P1B0C	档位错误	档位信号出错
P1B0D	开盖保护	控制器开盖
P1B0E	EEPROM 错误	EEPROM 读写故障
P1B0F	巡航开关回路故障(预留)	巡航开关信号出错
P1B10	IKey 防盗解除失败	没有密码或没有钥匙
P1B11	ECM 防盗解除失败	IKey 防盗失败或 ECM 防盗失败
P1B12	冷却液压力警告(预留)	压力过高,信号失效
P1B13	电机过温警告	超过限制温度
P1B14	IGBT 过温警告	超过限制温度
P1B15	冷却液温度过高报警	超过限制温度
P1B16	IPM 散热器过温警告	超过限制温度
P1B17	P 位警告	P 位状态出错
P1B18	互锁故障(有母线电压没有信号)	母线电压没有与信号匹配
P1B19	主动泄放故障(预留)	主动泄放功能为预留的功能:由电源管理器发出命令,电机控制器执行主动泄放动作,具体如何检测,能否检测还需讨论
U2D0C	电机控制器与 ABS 通信故障	5s 内没有接收报文则判断为故障
U2D0D	与电池管理器通信故障	5s 内没有接收报文则判断为故障
U2D0E	电机控制器与 P 位控制器通信故障	5s 内没有接收报文则判断为故障
U2D0F	电机控制器与 ECM 通信故障	5s 内没有接收报文则判断为故障
U2D10	电机控制器与 ESC 通信故障	5s 内没有接收报文则判断为故障
U2D11	电机控制器与 ACM 通信故障	2s 内没有接收报文则判断为故障

4）若有故障码出现则调整、维修或更换，最后确认测试。

5）若无故障码出现则要全面分析诊断车上 ECU 端子，再调整、维修或更换，最后确认测试。

综合以上全面诊断，故障诊断仪出现了故障码 P1B14（IGBT 过温警告），读取数据流，IGBT 温度为 94℃（图 15-14），超过限制温度。经检查高压冷却回路正常，问题出在驱动电机控制器与 DC 总成，需更换。

图 15-14　驱动电机控制器故障

15.5　比亚迪秦混合动力电动汽车无法切换 EV 模式故障的维修

1. 拆卸维修前工作

整车 OFF 档，再拔掉紧急维修开关，等待 5min 以上，断开起动电池。

2. 驱动电机控制器与 DC 总成拆装

1）拆掉电机三相线插接件的四个螺栓，如图 15-15 所示。

2）拔掉高压母线插接件。

图 15-15　电机三相线插接件的四个螺栓

3）拆掉附在箱体的配电盒上端螺栓和底座四个紧固螺栓。

4）将控制器往左移，拔掉 62 针低压插接件，拆掉搭铁螺栓，拔掉 DC 低压输出线，拔掉四个低压线束卡扣，如图 15-11 所示。

5）将控制器往右移，拆掉进出水管，如图 15-11 所示（注：拆掉进水管时将留出的冷却液用容器接住）。

6）按拆卸相反的顺序进行安装。注意各紧固螺钉的拧紧方法和力矩，各插接件要安装牢固有效，卡扣要扣紧。

温馨提示　比亚迪秦混合动力电动汽车驱动电机控制器与 DC 总成拆装参见教学资源

15.3　 。

3. 维修检验

着车后再次验车，发现在加大节气门的情况下，IGBT 温度为 33℃（图 15-16），故障码消失，故障排除。

图 15-16　驱动电机控制器诊断结果

任务总结

1）比亚迪秦混合动力电动汽车结构的特点是双模（DM）系统，它将汽油内燃机和驱动电机有机结合融为一体，配合动力蓄电池，形成由驱动电机和动力蓄电池配合内燃机向车辆输出动力的两种驱动模式。

2）比亚迪秦混合动力电动采用先进的线控换档系统，消除了变速杆与变速器之间的机械连接，通过电控方式来选择前进档、倒档、空档和驻车档。

3）整车控制系统通过 CAN 线协调电池管理系统、电机控制器和空调系统等模块相互通信。

4）采用专用故障诊断仪结合万用表可检测整车控制系统。

5）正确进行驱动电机控制器与 DC 总成的拆装。

作业

完成"学习工作页"15.1～15.6 各项作业。

模块 6
燃气汽车故障的诊断与维修

01

任务 16　压缩天然气（CNG）汽车动力装置的使用维护

 学习目标

1. 掌握燃气汽车的含义、特点与分类
2. 理解（压缩天然气）的物理化学性能
3. 熟悉（压缩天然气汽车）燃料供给系统的基本结构与工作原理

4. 学会压缩天然气汽车燃料供给系统的正确使用和维护

5. 培养良好的职业道德与安全、环保意识

任务接受

出租车驾驶人王先生买了一辆一汽大众汽车有限公司生产的捷达压缩天然气（CNG）双燃料汽车，要求服务站给以介绍压缩天然气汽车的基本知识和使用维护方法。

任务接待参见"学习领域 1　汽车维修接待、沟通与管理"的任务 2 和任务 4。

任务准备

16.1　CNG 汽车信息收集

1. 燃气汽车及其分类

以可燃气体为燃料的汽车称为燃气汽车。目前常用的燃气汽车有压缩天然气汽车、液化天然气汽车和液化石油气（LPG）汽车。它们分别以压缩天然气（CNG）、液化天然气和液化石油气（LPG）为燃料。也有与传统汽油、柴油配合使用的，称为双燃料汽车。氢气汽车则是正在研发的最有前景的燃气汽车。

2. 压缩天然气汽车

压缩天然气汽车（Compressed Natural Gas Vehicle，简称 CNGV）使用的燃料是压缩的天然气，是天然气压缩到 20MPa 并以气态储存在容器中。

3. CNG 的物理化学性质

（1）密度　CNG 是由多种烃类物质和少量的其他成分组成的混合气体，其中最主要的成分是甲烷，通常状态下，甲烷是一种非常轻的气态物质。常温、常压下，甲烷的密度只相当于空气密度的 55%，天然气的密度约相当于空气的 60%。由于天然气的密度远远小于空气，当天然气从输送管道或储存容器中泄漏到空气中，天然气向上运动，迅速扩散到空气中。由于这一特点，天然气的安全性优于汽油等大多数燃料。

（2）颜色、味道和毒性　在原始状态时，天然气是没有颜色、味道和毒性的物质。基于安全的原因，在生产过程中，天然气中加入了具有独特臭味的加臭剂。在使用和运输过程中，当天然气泄漏时，由于独特的臭味，可很容易检测出来。

（3）状态、沸点　在常温常压下，天然气是一种气态物质，当温度达到 −162°C 和低于此温度时，天然气将转换成液态，以液态形式存在。此温度为天然气的沸点。由于沸点非常低，天然气是非常难于液化的，储存液态天然气也是非常困难的。因此一般以气体状态储存和运输天然气。

（4）热值　甲烷是最简单的碳氢化合物，一个甲烷分子含一个碳原子和四个氢原子。在碳氢化合物中，分子中含有的碳和氢原子数越多，燃烧后产生的能量越多。同为气体状态，在相同的环境条件下，相同的体积中含有的分子数是相同的，因此分子中含碳和氢原子

越多的物质，燃烧产生的能量越多，因此每千克天然气的热值略高于汽油，但每立方米理论天然气混合气热值要比汽油混合气低，甲烷含量越高，相差越大，纯甲烷理论混合气热值比汽油低 10% 左右。

（5）混合气发火界限宽　燃料和空气混合形成混合气，混合气的浓度在一定范围内，才能够被点燃、产生能量。混合气浓度过浓或过稀是难于被点燃的。可被点燃的混合气浓度范围的上、下限分别是燃料点火极限的上限和下限。天然气与空气混合后的工作混合气具有很宽的发火界限。天然气点火极限的上限为 15%，下限为 5%。其过量空气系数的变化范围为 0.6 ~ 1.8，可在大范围内改变混合比提供不同成分的混合气。

（6）自燃温度　自燃温度是在此温度下，燃料和空气接触会点燃并连续燃烧。对于一种燃料，自燃温度不是一个常数。汽油的自燃温度是 220 ~ 471℃，天然气的自燃温度为 630 ~ 730℃。自燃温度很高表明天然气的安全性是非常好的。

（7）起燃方式　天然气的自燃温度比汽油更高，因而天然气不宜压燃而适宜用外火源点燃。同时由于其辛烷值远高于汽油，所以它又适宜于在较高的压缩比下点燃，因为它可在较高压缩比下点燃做功，因此天然气既可以用电火花点燃，也可以用在柴油/天然气双燃料车上，用柴油压燃方式引燃。

（8）抗爆性和辛烷值　燃料的抗爆性是指燃料在发动机气缸内被点燃、燃烧时，避免产生爆燃的能力，以及抗自燃能力，是燃料的一个重要指标。燃料的抗爆性用辛烷值表示，燃料的辛烷值越大，表示抗爆性越好。汽油的辛烷值一般在 81 ~ 89 范围内，天然气的辛烷值约为 115 ~ 130 范围内。总之，与汽油相比，天然气有较高的抗爆性能。

4. CNG 汽车的特点

1）有害气体排放低。CNG 在常温下为气态，容易与空气混合形成均匀的可燃混合气，燃烧完全，可以大幅度减少 CO、HC 和微粒的排放。另外，CNG 的火焰温度低，因此 NO_x 的排放量也相应减少。

2）热效率高。CNG 辛烷值高，抗爆性好，因此可提高发动机的压缩比，从而获得较高的发动机热效率。

3）冷起动性和低温运转性能良好。在暖机期间无须加浓混合气。

4）可以燃用稀混合气。其燃烧界限宽，稀燃特性优越，可以减少 NO_x 的生成和改善燃料经济性。

5）延长润滑油更换周期。因其不稀释润滑油，可以延长润滑油更换周期和发动机使用寿命。

6）储运性能差。CNG 在常温、常压下是气体，所以体积大，储运性能差。

7）一次充气的续航里程短。

8）动力性能有所下降。CNG 呈气态进入气缸，使发动机充气系数降低，另外，与汽油或柴油相比，CNG 的理论混合气热值小，因此，燃用 CNG 将使发动机功率下降。

5. CNG 汽车燃料供给系统的结构与工作原理

（1）2017 款新捷达双燃料汽车主要技术参数　一汽大众汽车有限公司生产的 2017 款新捷达双燃料汽车主要技术参数见表 16-1。

（2）CNG 汽车燃料供给系统的总体组成　CNG 汽车一般是在原传统汽油汽车上改装而成，只是燃料供给系统有所不同，因此本任务只讨论 CNG 燃料供给系统的结构原理与使用维护。

表 16-1　2017 款新捷达双燃料汽车部分技术参数

最高车速/（km/h）	185	0～100km/h 加速时间/s	10.8
发动机形式	直列、四缸、水冷、16 气阀、电子燃油多点喷射、双增压（TSI）、双可变气门正时（VVT）	发动机型号	EA211
发动机排量/ml	1498	排放标准	国 V
最大功率/kW	81（汽油），70（CNG）	（最大转矩/N·m）／［最大转速（r/min）］	150/3800
综合工况油耗/（L/100km）	5.7	90km/h 等速油耗/（L/100km）	4.7

以捷达 CNG 双燃料汽车为例，其总体结构如图 16-1 所示，主要有燃料供给系统和电控系统两大部分。前者主要由天然气储气瓶、充气阀、高压燃料切断阀、减压阀、混合器部件、压力表和高压电磁阀等组成，实现燃料压缩天然气的随车储存，在各种管路内输送、充装和向发动机喷射等功能；后者主要有气体压力传感器、温度传感器和电子节气门等，与原车的 ECU 配合，实现燃料 CNG 的定时定量喷射。如果带废气涡轮增压，则结构更为复杂。

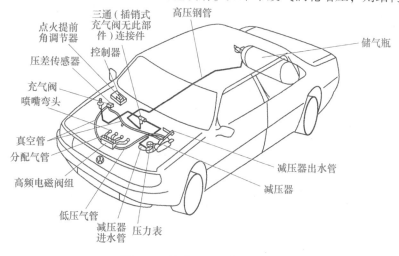

图 16-1　捷达 CNG 双燃料汽车

（3）CNG 发动机基本工作原理　当工作时，高压的 CNG 从储气瓶出来（图 16-2），经气瓶阀（高压电磁阀）进入减压器，高压电磁阀的开合由 ECU 控制。高压减压器的作用是将 20MPa 左右的高压的 CNG 减压调整到 0.18～0.19 MPa。经减压管路进入高频电磁阀组。高频电磁阀组根据发动机运行工况精确控制天然气喷射量。天然气与空气在进气歧管内充分混合，进入发动机缸内，经火花塞点燃进行燃烧，火花塞的点火时刻由 ECM 控制，氧传感器即时传递燃烧后

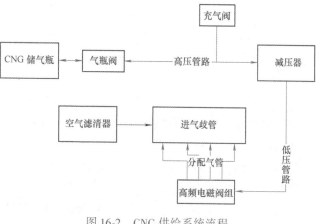

图 16-2　CNG 供给系统流程

尾气的氧浓度，ECM 根据氧传感器反馈的信号，及时修正天然气喷射量。

温馨提示 CNG 汽车的结构原理参见教学资源 16.1。

16.2 CNG 汽车的使用维护计划与设备、材料准备

1. 使用维护计划

1）汽车外观与驾驶室、仪表板等结构认知。

2）驾驶操作，尤其是油气切换操作。

3）CNG 充气操作。

4）CNG 汽车日常维护。

5）CNG 汽车其他维护。

2. 维护设备与材料准备

CNG 汽车使用维护设备与材料准备见表 16-2。

表 16-2 CNG 汽车使用维护设备与材料准备

名　　称	数　　量	名　　称	数　　量
捷达 GIX-1.6-MT-CNG 双燃料汽车	1 辆	轮胎气压表	1 个
汽车举升机	1 台	手套、抹布等	1 批
常规拆装工具	1 套	工作台	1 个

任务实施

16.3 CNG 汽车的使用与维护

1. CNG 汽车燃气供给系统的使用注意事项

1）使用前应认真阅读 CNG 系统的"使用手册"和"保养手册"。

2）出车前的例行检查。每次出车前，除进行通常的车辆检查外，还必须检查压缩天然气供给系统管路、接头组件是否泄漏（闻有无臭味，因为天然气已加臭）以及系统中有无其他异常现象。发现有天然气泄漏、管路损坏及供给系统中其他异常现象，要及时修复和排除。

3）检查充气量。接通全车电源，打开点火开关，将油气转换开关按至"气"的位置，检查气量显示器指示的气量。

4）发动机起动。

①用 CNG 起动：将油气转换开关置于"气"的位置，按一般操作程序用 CNG 起动汽车。起步时发动机冷却液温度应在 60℃ 以上，档位以低档为宜。

②用汽油起动：将转换开关按到"油"的位置，可按一般操作程序起动。

5）燃料转换。捷达汽油—CNG 两用燃料车配装了两种燃料转换开关，分别为翘板式开关和触摸式开关（图 16-3），根据所装用的转换开关形式，使用不同的方法进行操作。

①翘板式开关应急起动工作过程：转换开关在燃气位置，打开点火开关，控制器启动，此时汽油工作灯亮、燃气工作灯闪烁；将转换开关从燃气位置按至汽油位置，再按回燃气位置，

此时燃气和汽油工作指示灯均为点亮的状态；起动发动机，发动机使用燃气起动和工作。

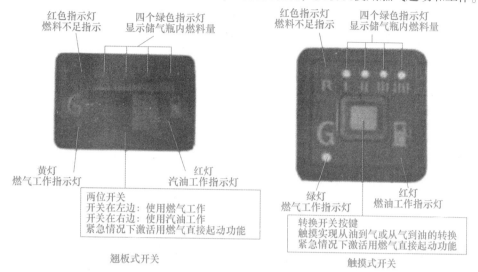

图 16-3 转换开关

②触摸式开关应急起动工作过程：在燃气工作状态下（燃气工作指示灯闪亮），按住转换开关按键不要松开，起动发动机，发动机使用燃气起动和工作。在正常情况下，为保持汽油系统的正常，不要使用应急起动模式。

注意：如出现打开点火开关转换开关指示灯不亮的现象，请先关闭点火开关，等待 30s 以上再重复操作。

燃料转换注意事项：当进行燃料转换时，会出现燃料供给的过渡期，此时发动机可能出现转速下降或轻微停顿的现象。为避免燃料转换时发动机熄火，应尽量在发动机中高速工况下进行转换，同时不要在交通拥挤、上下坡、转弯或视线不好的地方进行转换。

6）油箱内汽油保有量的要求。当车辆使用天然气时，为保证车辆正常起动，同时保证燃气系统出现故障时能够使用汽油正常行驶，建议在油箱中必须有 10L 以上的汽油。为保持汽油系统的正常状态，使用 CNG 每行驶 3000km 左右，建议转换使用汽油连续行驶 50km 以上。

7）当停车时，应选择阴凉通风处，防止暴晒，且远离火源、热源。

8）出现事故时的处理。在行驶中如发生轻微的天然气泄漏，应立即停车，关闭电源和储气瓶出口的手动阀，等天然气挥发，确保安全后，再转用汽油行驶到服务站维修；如有大量天然气泄漏，应立即停车，关闭电源和储气瓶上的手动阀，在现场严格控制并隔离火源。在对系统进行检查、确定无泄漏事故隐患后，转用汽油行驶到服务站进行维修。

如发生撞车事故，应先关闭电源和储气瓶上的手动阀，检查汽油和 CNG 系统以及各部分支架是否完好，确认无任何问题和泄漏后，方可继续行驶。

9）车辆的充气。充气前让乘客在加气区外下车，不能载客加气；检查有无泄漏，是否符合加气条件；充气结束，应先关闭充气阀手动截止阀，再拔出充气枪接头，插入防尘塞。检查高压管路、接头有无漏气现象。天然气充装气瓶内的压力不得超过 20MPa。

10）停放。当车辆停放时，必须检查系统有无漏气、损坏等现象。必须关闭电源开关，关闭天然气储气瓶截止阀。用完管道里的余气。

长期停放必须关闭电源开关、天然气储气瓶开关。应将天然气用完，按汽油车的停放规定对车辆进行停放。停在停车场或车库里，保证通风效果良好，必须有防火、防曝等安全设备和措施。严禁在封闭的车库、厂房内拆卸、维修天然气供气系统。

2. CNG 汽车燃气供给系统的维护

（1）日常维护（每日进行）

1）检查气瓶、CNG 高压电磁阀、减压器、高频电磁阀组等部件安装完好紧固情况，紧固已经松动的零部件。

2）检查供气软管、高频电磁阀组分配管是否泄漏。

3）检查气量，接通全车电源，打开点火开关，检查气量显示器指示的气量。

4）检查供气系统管路、接头等是否泄漏，如发现有损伤请及时到专业维修服务站修理。

（2）A 级维护（每行驶 8000～10 000km 维护保养内容）

1）CNG 气瓶固定装置检查与紧固。检查气瓶固定装置有无变形、损伤，紧固固定装置。

2）CNG 气瓶阀门检查。用漏气检测仪或检测液，检测多功能阀、充气阀是否泄漏，如有应及时处理。检查充液手动阀，应开关灵活，管接头应无泄漏。检查充液手动阀及管接头与管路卡箍，应无松动、无泄漏。

3）系统各管路及接头检查管体无损伤、龟裂现象。用检测仪或检测液检测无泄漏。管接头及阀门连接牢固无松动、无泄漏。

4）稳压蒸发器检查与紧固。用检测仪或检测液检测稳压蒸发器及接头有无泄漏。检查装置支架有无松动，并予以紧固。

5）稳压蒸发器循环水管及接头检查。检查温水管有无污垢堵塞，如有应予以清除。检查水管有无老化、龟裂、破损及泄漏。检查供气软管有无老化、龟裂、破损及泄漏。

6）电磁阀动作及安全检查。检查各电磁阀是否正常、灵敏、可靠，有无泄漏，电源接口是否稳固、接触良好。检查并紧固电磁阀支架。

7）电源系统检查。低压电路连接可靠，无绝缘损坏、接触良好，无短路、断路现象。熔丝盒的熔丝齐全、可靠，符合要求，无另搭接线。清洁检查火花塞，必须使用燃气专用润滑油。

8）高压燃料切断阀进气口自带滤芯，维护保养时可用汽油浸泡，并用压缩空气吹干净再装复。

（3）B 级维护

1）所有日常维护和 A 级维护项目。

2）检测标定减压器。

（4）其他维护

1）高压减压器。每 5 万 km 应维护保养高压减压器，用汽油或化油器清洗剂清洗高压减压器一级压力腔，并用干净空气吹干净后装好；拆除高压减压器进气接头，检查滤芯是否被污染，若被污染，要更换；更换易损件（如橡胶密封圈）；检查轴销的磨损情况，若磨损，更换轴销；检查调整减压压力。每 10 万 km 更换膜片及密封件，并对减压压力进行检查调整。

2）电控调压器（EPR）。每 5 万 km 需要对内部零件进行清洗，更换易损件，检查轴销的磨损情况；每 15 万 km 需要更换膜片及密封件，并对压力进行校准。

3）电子节气门。安装时要求电子节气门驱动电动机轴线必须保持水平方向。每 10 万 km（视当地气体清洁度而定）从发动机上拆下节气门，看内部是否有明显的油污，若有，则需要用节气门清洗剂清洗节气门碟阀部分，清洗后用干压缩空气吹干。清洗后，用手

按压碟阀，检查碟阀运动有无卡滞、是否回位，若出现卡滞，则需要更换电子节气门总成。

4）点火线圈。每 3 个月或行驶 2 万 km 清理弹簧与火花塞之间的氧化物，并涂抹导电膏，检查点火线圈胶套是否老化开裂，如有开裂，及时更换。

任务总结

1）燃气汽车是以可燃气体为燃料的汽车。目前常用的燃气汽车有压缩天然气汽车、液化天然气汽车和 LPG 汽车。氢气汽车则是正在研发的最有前景的燃气汽车。

2）CNG 汽车的特点是有害气体排放低、热效率高、冷起动性和低温运转性能良好，可以燃用稀混合气，但是储运性能较差，一次充气的续航里程短，动力性能有所下降。

3）CNG 双燃料汽车主要有燃料供给系统和电控系统两大部分。前者主要由天然气储气瓶、充气阀、高压燃料切断阀、减压阀、混合器部件、压力表和高压电磁阀等组成，实现燃料 CNG 的随车储存，在各种管路内输送、充装和向发动机喷射等功能；后者主要有气体压力传感器、温度传感器和电子节气门等，与原车的 ECU 配合，实现燃料 CNG 的定时定量喷射。

4）要高度重视 CNG 汽车的正确使用和维护，严格按照使用说明书的要求进行，以确保人身和财产安全。

作　业

完成"学习工作页"16.1～16.5 各项作业。

任务 17　压缩天然气（CNG）汽车发动机换气熄火的故障诊断与维修

学习目标

1. 熟悉 CNG 汽车燃料供给系统各主要部件的基本结构与工作原理
2. 学会 CNG 汽车燃料供给系统的常见故障检测与诊断
3. 能够进行 CNG 汽车燃料供给系统主要部件的拆装维修
4. 培养良好的职业道德与安全、环保意识

客户报修：捷达 CNG 双燃料汽车在行驶过程中换气突然熄火，要求 4S 店给予维修。

任务接待参见"学习领域 1　汽车维修接待、沟通与管理"的任务 2 和任务 4。

17.1　CNG 汽车燃气供给系统的信息收集

1. 捷达 CNG 汽车燃气供给系统主要部件的结构原理

捷达 CNG 汽车燃气供给系统的组成如图 16-1 所示。主要部件结构原理如下：

 温馨提示　捷达 CNG 汽车燃气供给系统主要部件的结构原理参见教学资源

17.1。

（1）储气瓶　储气瓶用于储存天然气，一般采用 30CrMo 材料制造，厚度达 10mm 以上，其最大工作压力为 20MPa。储气瓶一般布置在行李箱的里端，如图 17-1 所示。

（2）压力表　压力表显示天然气储气瓶内的压力，并将压力以电信号的形式输送到控制器。

（3）充气阀　充气阀是 CNG 加气站向储气瓶充装天然气的接口。其结构形式根据不同地区要求有快装式和插销式两种，结构分别如图 17-2 和图 17-3 所示，充气阀内部均为单向阀结构，外端与加气枪连接，内端与充气管路连接。

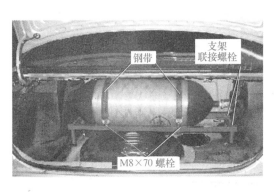

图 17-1　储气瓶

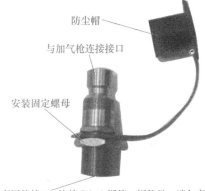

图 17-2　快装式充气阀

（4）减压器　减压器也称为减压蒸发器。其功用是将储气瓶内 CNG 的压力降低至适合系统工作的恒定压力（减压器进口压力最大为 20MPa，出口压力为 0.18～0.19MPa），同时